Friedrich Koch

Der Aufbruch der Pädagogik
Welten im Kopf

Friedrich Koch, geb. 1936 in Göttingen, ist seit 1970 Professor im Institut für Allgemeine Erziehungswissenschaft der Universität Hamburg. Zu seinen jüngsten Veröffentlichungen gehören: Der Kaspar-Hauser-Effekt. Über den Umgang mit Kindern (1995), Das Wilde Kind. Die Geschichte einer gescheiterten Dressur (1997), Sexualität, Erziehung und Gesellschaft. Von der geschlechtlichen Unterweisung zur emanzipatorischen Sexualpädagogik (2000).

Friedrich Koch
Der Aufbruch der Pädagogik

Welten im Kopf

Rotbuch Verlag

Für Monika

Die Deutsche Bibliothek – CIP-Einheitsaufnahme

Ein Titeldatensatz für diese Publikation ist bei
Der Deutschen Bibliothek erhältlich

Rotbuch Taschenbuch 1090
© Europäische Verlagsanstalt/Rotbuch Verlag, Hamburg 2000
Umschlaggestaltung: +malsy, Bremen
Herstellung: Das Herstellungsbüro, Hamburg
Satz: H & G Herstellung, Hamburg
Druck und Bindung: Druckerei Himmer, Augsburg
Alle Rechte vorbehalten
Printed in Germany
ISBN 3-434-53026-6

Informationen zum Verlagsprogramm finden Sie im Internet
unter www.rotbuch.de

Inhalt

Vorbemerkung 7

Erziehung gegen die Autorität:
Alexander S. Neills »Summerhill« 9

Erziehung zur Selbsttätigkeit:
Maria Montessoris Kinderhäuser 37

Pädagogik der Achtung: Janusz Korczak 69

Paul Geheeb und die Odenwaldschule 92

Peter Petersen und der Jena-Plan 119

Célestin Freinet und seine Bewegung 145

Erziehung und Psychoanalyse:
Hans Zulliger und Bruno Bettelheim 163

   Hans Zulliger 167

   Bruno Bettelheim 191

Ausblick: Die Bedeutung der Reformer
für die Pädagogik der Gegenwart 220

Auswahlbibliographie 224

Vorbemerkung

Das zwanzigste Jahrhundert sollte das *Jahrhundert des Kindes* sein. So hatte es die schwedische Sozialreformerin und Pädagogin Ellen Key 1900 in ihrem gleichnamigen Buch programmatisch ausgerufen. Schon gut zehn Jahre früher hatten sich in Deutschland Pädagogen zusammengefunden, um jene Initiativen »vom Kinde aus« zu fördern, die in der Erziehungsgeschichte den Namen *Reformpädagogik* erhalten haben. Die Bemühungen um eine neue Schule blieben nicht auf diese beiden Länder beschränkt. Überall in Europa regten sich Initiativen um den neuen Menschen, die neue Gesellschaft und die neue Erziehung. Mal mit agitatorisch-revolutionärem Gestus gegen die bestehenden autoritären gesellschaftlichen Überlieferungen, mal nüchterner als notwendige Anpassung an die sich wandelnden politischen, sozialen und ökonomischen Verhältnisse.

In dem vorliegenden Band sollen acht europäische Pädagogen des zwanzigsten Jahrhunderts vorgestellt werden. Sie wirkten in Italien, England, Polen, Deutschland, Frankreich, Österreich, der Schweiz und in Amerika. In diesen Ländern entwickelten sie nicht nur neue Erziehungsprogramme, sondern sie gründeten auch Schulen und andere Institutionen, um ihre alternativen Vorstellungen zu realisieren. Ihre theoretische und praktische Arbeit war so erfolgreich, dass sie die Grenzen ihrer Herkunftsländer überschritt und nicht nur in Europa, sondern weltweit ihre Auswirkungen hatte.

Das zwanzigste Jahrhundert war ganz sicher kein

Jahrhundert des Kindes. Millionen und Abermillionen Kriegswaisen, Generationen von Kindern und Jugendlichen, die in faschistischen und kommunistischen Erziehungsdiktaturen aufwachsen mussten, sprechen der romantisch-revolutionären Parole von 1900 Hohn.

Nicht zu bestreiten aber ist: Die letzten hundert Jahre waren ein Jahrhundert der pädagogischen Entwürfe. Die Reformpädagogen hatten ihre *Welten im Kopf*. Es waren *Gegenwelten* – gegen die herrschenden schulischen und gesellschaftlichen Übermächte. Ihre Realisierung brachte die Pädagogen in der Zeit des Faschismus in existenzielle Bedrängnis. Nur einer der hier Porträtierten biederte sich den Machthabern an: Peter Petersen. Paul Geheeb emigrierte in die Schweiz, Alexander Neill gab seine Versuche in Deutschland und Österreich auf, um in England sein *Summerhill* zu gründen. Maria Montessori verließ Europa und ging nach Indien. Freinet wurde als »Kommunist« verfemt. Bruno Bettelheim gelang es, aus dem Konzentrationslager zu entkommen. Janusz Korczak ging im August 1942 gemeinsam mit seinen Kindern in die Gaskammern von Treblinka ...

Mit der Niederschlagung der Diktaturen gewannen die reformpädagogischen Ansätze schnell wieder Bedeutung, wenn auch nicht immer als geschlossenes Konzept. Erziehungsprogramme sind lebendige Organismen, die ständig Wandlungen unterliegen. Das war schon zu den Zeiten der Fall, als ihre Begründer sie erprobten. Ständige Neureflexion der Erfahrungen haben die Grundkonzepte lebendig erhalten. In diesem Sinne werden sie auch im einundzwanzigsten Jahrhundert ihre Bedeutung behalten.

Erziehung gegen die Autorität:
Alexander S. Neills »Summerhill«

> »Ich glaube, daß erst die moralischen
> Vorschriften ein Kind böse machen.
> Ich habe festgestellt, daß ein schlimmer Junge
> gut wird, wenn ich die Vorschriften,
> denen er unterworfen war, negiert habe.«
> A. S. NEILL

1968 und die Pädagogik

Zu Beginn der sechziger Jahre gerieten die innenpolitischen Verhältnisse der westlichen Gesellschaft in erhebliche Turbulenzen, die primär durch die Studentenbewegung verursacht waren.

Die Proteste der jungen Generation richteten sich gegen den Vietnamkrieg, den Kolonialismus, gegen die Benachteiligung der Arbeiter und die unterprivilegierte Stellung der Mädchen und Frauen in Schule und Gesellschaft.

In der Bundesrepublik Deutschland bekam der Protest eine zusätzliche individuelle Note durch die Verabschiedung der Notstandsgesetze im Jahre 1968 und durch die Auseinandersetzung mit den Vätern, sprich: mit den Tätern und Duldern des deutschen Faschismus. Mehr als zwanzig Jahre nach der Niederschlagung des nationalsozialistischen Regimes war eine Generation herangewachsen, die die Taktik der Beschönigung und des Verschweigens nicht mehr hinnehmen konnte und wollte. Ihr Protest war zugleich ein Aufstand gegen die überlieferten Erziehungsziele und -methoden, die nach wie vor in den Bildungsinstitutionen des Landes galten. Noch immer herrschten die Prinzipien Zucht und Ordnung, Autorität und Gehorsam. Wer sich innerhalb dieser Leitplanken nicht einzuordnen vermochte, hatte mit empfindlichen Sanktionen zu rechnen. Ein fein differenzierter Strafkatalog umfasste psychische und physische Bestrafungen; das Prügeln hatte noch einen hohen Stellenwert, notfalls wurde der Abweichler ausgeschlossen.

Die Kritik der Studenten blieb nicht nur Theorie. In den sozialistischen Kinderläden der Universitätshochburgen wurden die alternativen Erziehungsvorstellungen bald Realität. Der Anspruch dieser Gegenmodelle war hoch. Es ging den Initiatoren nicht nur um die Abschaffung der Autorität und ihrer Träger in Erziehung und Gesellschaft, sondern auch um die Auflösung jener Verhältnisse, die die autoritären Strukturen begünstigten. Und das war – nach der Analyse der frühen antiautoritären Bewegung – der Kapitalismus. Abschaffung der kapitalistischen Verhältnisse durch Erziehung! Ein gewaltiges Unternehmen, bei dem weder die Analyse noch die Methoden, noch das Ziel überzeugen konnten. Schnell führten diese kühnen Aktivitäten zu Fatalismus und Resignation. Die radikale Bewegung war schnell am Ende, jedenfalls was ihre erzieherischen Umsetzungen anging.

Die antiautoritäre Bewegung bestand jedoch nicht nur aus radikalen Träumern, die den Bezug zur Realität verloren hatten. Vielen Menschen aus dem liberalen

Lager und aus den Reihen der »Unpolitischen« waren Zweifel gekommen, ob in der Familie und in den Bildungsinstitutionen ein Umgang gepflegt werde, der sich positiv auf die Entwicklung des Kindes auswirkt. Ging die überlieferte Pädagogik nicht weitgehend an den Bedürfnissen der Kinder vorbei? War sie nicht an Moralvorstellungen orientiert, die ihre Bedeutung längst verloren hatten? Arbeitete sie nicht mit Methoden, die vorgestrig waren und die dem demokratischen Anspruch der Gesellschaft Hohn sprachen? Gab es im Bereich der politischen Bildung, der Sexualerziehung, der Sozial- und Moralerziehung nicht gravierende Defizite, deren negative Folgen die jungen Eltern und Erzieher aus eigener Erfahrung schmerzlich feststellen mussten? Das Unbehagen an den herrschenden Verhältnissen war erheblich und das Bedürfnis nach Neuorientierung groß.

In dieser Situation wurde einer breiteren Öffentlichkeit geradezu schlagartig der Name eines Mannes bekannt, der sich bereits seit langem mit den Problemen einer Erziehung ohne Zwang auseinander gesetzt hatte: Alexander Sutherland Neill, geb. 1883 in Forfar (Schottland) als viertes Kind eines Lehrerehepaars. Schon diese kurze biographische Notiz dürfte von vielen Ratlosen zunächst mit Skepsis aufgenommen worden sein. Ein Vertreter der Großvater- und Urgroßvatergeneration – aufgewachsen unter dem Einfluss des prüden Viktorianismus – als Verkünder einer neuen Erziehung?

Neill war jedoch alles andere als ein Prophet. In seinen Schriften ging es nicht um die Verbreitung visionärer Vorstellungen, sondern um den nüchternen

Bericht über ein Erziehungskonzept, das er bereits seit einem halben Jahrhundert praktiziert hatte.

Eine kindgerechte Schule

Etwa 150 km von London, bei Leiston in Suffolk, befindet sich ein privates Landschulheim. Das dazugehörige Gelände ist etwa 45 000 Quadratmeter groß. Rasenflächen bieten Möglichkeiten für Spiele aller Art, ein Wald lädt zum Bau von Baumhütten ein, ein Schwimmbad erfreut sich an warmen Sommertagen großer Beliebtheit. Auf dem Gelände sind etwa fünfzig bis sechzig Kinder untergebracht, Jungen und Mädchen im Alter von fünf bis fünfzehn Jahren. Die Dauer ihres Aufenthaltes ist unterschiedlich. Im Allgemeinen verlassen die SchülerInnen das Internat, wenn sie das sechzehnte Lebensjahr erreicht haben. Die SchülerInnen sind nach Altersgruppen (Fünf- bis Siebenjährige, Acht- bis Zehnjährige, Elf- bis Fünfzehnjährige) in verschiedenen Häusern untergebracht; jede Gruppe, jedes Haus hat eine Hausmutter – als enge Bezugsperson, nicht aber als Aufseherin. Sie trägt den Kindern keine Sachen nach, räumt nicht für sie auf, sagt ihnen nicht, welche Kleidung sie anzuziehen haben und welche Schuhe vorteilhaft sind. Es ist nicht ihre Aufgabe, die Kinder gegen deren Willen morgens für die Schule zu wecken oder sie zu tadeln, wenn sie die Zeit verschlafen haben. Das Prinzip einer freien Entscheidung des Kindes bestimmt nicht nur das Leben in der kleinen Gruppe, sondern auch jenen Teil, der dem schulischen Unterricht gewidmet ist. Die systematische

Unterrichtung, die »Beschulung« der Kinder, spielt in diesem Erziehungskonzept eine untergeordnete Rolle. Das Prinzip der Entscheidungsfreiheit ist auch hier vorrangig. Die Teilnahme am Unterricht erfolgt freiwillig und ohne Zwang.

Alexander Sutherland Neill verstand Summerhill als eine Gegenschule zur Normalerziehung. Prinzip bei der Gründung war nicht, die Kinder schulfähig oder schulgeeignet zu machen, sondern eine Schule zu schaffen, die *kindergeeignet* ist. Die Schüler sollten sich nicht an die Schule anpassen, sondern die schulischen Verhältnisse sollten so sein, dass sie es den Kindern ermöglichen, sie selbst zu sein, sich zu finden und ihre persönlichen Bedürfnisse und Interessen zu entfalten. Diese Zielsetzung beinhaltete für Neill den Verzicht auf jede Lenkung, auf offene oder suggestive Beeinflussung. Die Lehrerinnen und Lehrer von Summerhill müssen ihre Autorität ablegen. Sie dürfen weder drohen, schelten noch strafen. Die im Sinne Neills verstandene Erziehung ohne Zwang meint jedoch nicht nur eine Absage an alle moralischen Belehrungen, sondern auch eine strikte Zurückweisung des Religionsunterrichts.

Koedukation, besser: das gemeinsame Leben von Jungen und Mädchen, ist in Summerhill selbstverständlich. Spielerische Aktivitäten, Theater, Tanz, Musik und andere kreative Tätigkeiten haben hohen Rang. Aber auch bei diesen Betätigungen bleibt das Prinzip der Freiwilligkeit und Zwangfreiheit oberstes Gebot.

Das Konzept mutete vielen utopisch an. Ist ein Zusammenleben von sechzig Kindern ohne Direktiven und Regeln möglich, und muss es nicht auch jemanden geben, der die Einhaltung der Regeln im Auge behält?

Diese Frage wird auch von Neill ohne Einschränkung bejaht. Nur ist es in Summerhill nicht der Lehrer, der Tutor oder ein anderer Amtswalter, der die Ordnung überwacht, sondern die Gemeinschaft selbst. Summerhill ist eine Schule mit einer demokratischen Selbstregierung. Jedes Kind hat eine Stimme, die in der Schulversammlung genauso viel Gewicht hat wie die Stimme eines Lehrers oder einer Lehrerin. Hier, im Konvent aller Schulbeteiligten, werden die Konflikte und Probleme des Alltags vorgetragen, diskutiert, beurteilt und gegebenenfalls auch mit Strafen bedacht. Der Unterschied zum herkömmlichen Schulsystem besteht nicht nur in der Veränderung der Strafinstanz, sondern auch in der Gruppe derjenigen, die bestraft werden können: Auch Lehrer können zur Ordnung gerufen, ermahnt und getadelt werden, auch sie müssen sich verantworten und gegebenenfalls einen Schaden wieder gutmachen. Hier, in dem Willen der Gemeinschaft, ist das Korrektiv und zugleich die Abgrenzung der Freiheit vom Chaos. Selbstbestimmung und Freiheit des Individuums enden dort, wo die Rechte des anderen beginnen. Nur hier liegt die Legitimation für eine Zurückweisung von Selbstverwirklichungsansprüchen, nur in diesem Falle sind Einschränkungen gerechtfertigt. Alle anderen Beeinträchtigungen haben nach Neill nichts mit Erziehung zu tun, sondern sind Abrichtungen im Sinne einer Dressur, die nicht auf Mündigkeit angelegt ist, sondern die lediglich die Disziplinierung im Auge hat.

Zwangserziehung und freie Erziehung

Nicht nur in der Vergangenheit, sondern auch in der Gegenwart der Erziehung sieht Neill Formierung, Disziplinierung und Dressur als leitende Prinzipien. Die Ergebnisse einer solchen Erziehung sind allenthalben feststellbar. Auf der Straße, im Büro, in der Fabrik, überall habe man es mit Menschen zu tun, die in ihren Aktivitäten gehemmt seien.

Solche Menschen sind fügsam, autoritätsgläubig, unfähig zur Kritik und unfähig, sich mit Kritik auseinander zu setzen. Sie haben das Bedürfnis, um keinen Preis aufzufallen, sie möchten korrekt sein, stets den Normen und den täglichen Anforderungen entsprechen. Diese Bedürfnisse äußern sich nicht nur in dem alltäglichen Anpassungsdruck, dem sich das Individuum unterwirft, sondern die Unterdrückten haben auch die Erwartung, dass sich ihre Mitmenschen willenlos den gegebenen Zwängen unterwerfen. Besonders betroffen von dieser Erwartung sind die Kinder dieser abgerichteten Menschen. Sie sind die Projektionsfläche für alle Ängste und Komplexe, die die Versagungen hervorgerufen haben. Der in diesem Sinne organisierte Nachfolgeprozess der neuen Generation beginnt nicht erst in der Schule oder im Kindergarten. Die lebensfeindlichen Umstände haben bereits vor und bei der Geburt ihre Auswirkungen. Der Disziplinierungsprozess beginnt mit der Ernährung des Säuglings. Das weit verbreitete *Stillen* nach einem Stundenplan, der rigide eingehalten werden muss, ist oft die erste Zwangsmaßnahme, mit der das Ordnungsprinzip dem Prinzip der Lust übergestülpt wird. Ein Kind, das nur lieblos nach festen Zeiten und Tabellen abgestillt wird, wird zum Daumenlutschen verleitet. Dieses aber wird wiederum von der autoritären Erziehung streng geahndet. Also werden den Kindern die Hände ge- oder verbunden, um diese Form der Selbstbefriedigung zu verhindern. Das Bestreben autoritärer Eltern, ihre Kinder so früh wie möglich »sauber« zu haben, führt zu weiteren Zwangsmaßnahmen in der frühen Kindheit. Sobald das Kind sprechen kann, sind die Eltern ängstlich bemüht, ihnen die konventionellen Bitte- und Dankeformeln beizubringen, die die Gesellschaft für angemessen hält. Fragen nach der Herkunft der neugeborenen Kinder werden umgangen oder mit Strafen bedacht, wenn die Kinder ihre Informationen auf Umwegen zu erreichen versuchen. Sexuelle Aktivitäten gar, etwa die Erkundung des eigenen Körpers, wie das lustvolle Berühren der Geschlechtsorgane, werden mit Prügeln bestraft. So vermittelt sich bereits dem Kind im Laufe eines langen Prozesses die feste Überzeugung, dass Sexualität in jeder Form etwas Anstößiges und Schmutziges ist. Das Kind lernt seine Interessen und Bedürfnisse zu verachten. Es passt sich an und macht dabei die angenehme Erfahrung, dass die Anpassung honoriert und belohnt wird – was wiederum die Bereitschaft zur Konformität steigert. Am Ende dieses Prozesses steht der untertänige Mensch mit einer schwachen Ich-Entwicklung, anfällig für kindische Glaubensvorstellungen, voller magischer Bilder und abergläubischer Ideen. Stets bereit, sich dem herrschenden gesellschaftlichen Trend anzupassen (um ja nicht aufzufallen), verkörpert dieser Charaktertyp genau jenen Mitläufer, den sich autoritäre

Regierungen für ihre Vorhaben wünschen. Denn Menschen dieses Schlages sind unfähig, die Machenschaften von Obrigkeiten zu entschlüsseln und zu kritisieren. Selbst Kriege werden als schicksalhafte Fügung oder als Naturereignisse hingenommen.

Auch das Verhältnis der Geschlechter unterliegt unter solch autoritären Bedingungen einer bestimmten Deutung: Der Mann muss hinaus ins Leben, die Frau ist die Hüterin des Hauses. Das entspricht in der patriarchalischen Gesellschaft dem »Wesen«, der »Natur«, der »Eigenart« der Geschlechter, die zu hinterfragen kein Thema ist. Entsprechend sind die Regelungen und Gesetze über das Zusammenleben, über die Liebe, die Ehe, über die beruflichen Wünsche und Neigungen. Der Umgang zwischen den Geschlechtern ist unfreundlich, dumm, voller Neid und Missverständnisse. Natürlich spielt die Sexualität hier wiederum eine Hauptrolle. Mädchen haben in der patriarchalischen Gesellschaft keine Chance, ihre Bedürfnisse kennen zu lernen. Die Vorschriften für sittliches Verhalten unterliegen einer geschlechtsspezifischen Ausprägung. Das Weib muss die Ehe als Jungfrau eingehen. Gesellschaftlichen Rang erhält die Frau auch in dieser Institution nur dann, wenn sie dem Gatten zahlreiche Kinder »schenkt«; wahrhaft stolz kann sie freilich nur sein, wenn dabei Buben in der Überzahl sind.

Bevor es freilich so weit kommt, müssen sich beide Geschlechter über Jahrzehnte durch einen mühevollen Sozialisationsprozess quälen, in dem die Verdrängung der sexuellen Energie oberstes Gebot ist. Wo dieser Anspruch erfüllt wird, bleibt das System die Belohnungen nicht schuldig. Wehe aber, wenn die Heranwachsenden auf Abwegen ertappt werden. Alle Strafen des Himmels und der Erde regnen auf die Abweichler herab. Nicht nur im Falle des vorehelichen Geschlechtsverkehrs. Der ist freilich die Hauptsünde. Die Sanktionen setzen jedoch bereits bei weitaus »unschuldigeren« Handlungen ein. Masturbation ist bereits eine Sünde gegen Gott und gegen den Masturbanten selbst. Um das Tabu aufrechtzuerhalten, werden den Kindern und Jugendlichen zahllose körperliche und seelische Leiden in Aussicht gestellt, die sich zwangsläufig als Folge dieser Handlung ergeben. Nützen dergleichen Drohungen nicht, so treffen die Erzieher Maßnahmen, die die Widerspenstigen zügeln. Diese Erziehung hat ein oberstes Ziel: Die Regulierung des Fortbestands einer Gesellschaft, die um keinen Preis verändert werden darf. Hat das Kind die frühen Stationen der Unterdrückung willenlos ertragen, ist es gelungen, diesen Prozess im Jugendalter zu verlängern, so sind die Chancen für das oberste Ziel im Allgemeinen gut. Mit dem Beginn des Erwachsenenalters hat der Mensch die Repressionen zu ertragen gelernt. Eine Analyse seiner Erziehung wird er so schnell nicht zulassen wollen. Er darf die durchlittenen Versagungen nicht in Frage stellen, weil er sonst erkennen könnte, dass er viele Jahre lang – sein ganzes junges Leben – Repressionen ausgesetzt war, die überflüssig gewesen sind. Ein solches Eingeständnis ist schwer. Die Normalentwicklung des Menschen, der in Unfreiheit aufgewachsen ist, mündet daher eher in einen Prozess, in dem das Individuum die äußere Unterdrückung zu seinem eigenen Programm erklärt. Dieses Programm ist seiner Meinung nach nötig, ist natürlich, unumstößlich und folgt ewigen Gesetzen. Der Kritiker ist der grimmige Feind, seine Kritik zersetzend, weil sie an den Grundfesten von Ordnung, Sitte und Anstand rüttelt. Ist diese Position gründlich gesichert, so ist das Ziel der autoritären Erziehung erreicht. Der Mensch ist nunmehr »gefestigt« und »reif« geworden. Er kann als Lehrer auf die neue Generation einwirken, als Vater oder Mutter Kinder erziehen. Die autoritäre Gesellschaft kann sich in Sicherheit wiegen. Von Menschen, die in Unfreiheit erzogen worden sind, hat sie nichts zu befürchten.

Neill setzt dieser Zwangskultur mit ihren Zwangsapparaten das Konzept einer freien Erziehung entgegen. Die freie Erziehung ist möglich, weil der Mensch von Natur aus gut ist. Neill geht von einer offenen Anthropologie des Kindes aus. Er sieht den Menschen nicht in Erbsünde und Schuld befangen, sondern glaubt an die großartigen Möglichkeiten, die bei jedem Kind vorhanden sind und die wahrgenommen werden können, wenn der Erzieher seine weltanschaulichen und religiösen Scheuklappen ablegt. Ideologische, philosophische und religiöse Vorstellungen vom Wesen des Kindes und seiner Bestimmung betrachtet Neill als Fesseln, die der Entwicklung hinderlich sind. Die einzige Festlegung, die Neill gestattet, ist die Forderung nach der Autonomie des Kindes. Sie meint die Lebensgestaltung nach eigenen Gesetzen. Bereits das Kleinkind hat das Recht auf eine freie Entfaltung – ohne Autorität.

Oberstes Erziehungsziel einer solchen Pädagogik ist nicht die Hinführung des Kindes auf ein vorgegebenes Ordnungskonzept. Die Maxime ist das Glück des

Kindes, sein Wohlbefinden, seine freie Entfaltung, die Entwicklung von Neigungen und Interessen. Hat man dieses Ziel fest im Auge, so ergeben sich leicht die erzieherischen Maßnahmen und Methoden. Sie sind in allen Aspekten das Gegenteil der Zwangserziehung.

Statt Unerbittlichkeit und Strenge hat die Liebe zu dem Kind und seine bedingungslose Anerkennung alle Maßnahmen zu leiten. Auch in Augenblicken der Enttäuschung, der Verärgerung oder auch des gerechten Zorns darf das Kind keinen Augenblick lang im Zweifel darüber sein, dass der Erzieher auf seiner Seite steht. Gilt diese Regel schon für die frühe Erziehung in der Familie, so hat sie erst recht in den größeren Institutionen wie Kindergarten und Schule ihre Bedeutung.

Ein solches Konzept der Menschenliebe ist grundsätzlich unvereinbar mit einer Erziehung, die ihre Ziele mit Furcht- oder Angstvorstellungen zu erreichen versucht – egal, wie positiv verbrämt dieses Ziel präsentiert wird (»Ich will doch nur dein Bestes!«).

Für die Ängste seiner SchülerInnen hat Neill im Laufe seiner vielen Jahre in Summerhill eine besondere Sensibilität entwickelt, und er hat viel Zeit dafür verwandt, Kindern, die durch eine Angst machende Erziehung furchtsam geworden waren, wieder Mut und Selbstvertrauen zu geben. Im Rahmen der kindlichen Sexualentwicklung sah Neill einen Brennpunkt für erzieherisches Fehlverhalten, das oft zu Zwangseinstellungen und Zwangsverhalten führt.

Eine freiheitliche Erziehung setzt nach Neill zunächst einmal die Bejahung der kindlichen Triebe und der sexuellen Interessen voraus. Aus dieser positiven erzieherischen Grundhaltung ergeben sich die Einzelmaßnahmen in den verschiedenen Entwicklungsstufen. Der Säugling wird zärtlich an die Brust genommen, wann immer und solange er es verlangt; beim Kleinkind wird auf eine frühe Reinlichkeitserziehung verzichtet, die Exkremente werden nicht als Ekel erregende Angelegenheit betrachtet. Tastet das Kleinkind an seinem Körper und berührt dabei auch seine Genitalien, so wird dies liebevoll toleriert. Ähnlich ist die Reaktion der Erzieher, wenn er Kinder beim so genannten »Doktorspiel« überrascht. Dieses ist ja nichts anderes als die Stillung eines lustvollen Informationsbedürfnisses, das befriedigt werden muss. Fragt das Kind nach dem Unterschied der Geschlechter, nach Schwangerschaft, Geburt und Zeugung, so gibt der Erzieher unumwunden Antwort. Er passt die Antwort dem Verständnisvermögen des Kindes an und redet nicht in Bildern und Gleichnissen, die später korrigiert werden müssen.

Kinder, die in diesem Sinne über Jahre hinweg liebevoll begleitet werden, sind frei von Angst, sie haben keine Minderwertigkeitsgefühle gegenüber sich selbst und keine Hassgefühle gegen ihre Nächsten. Sie müssen ihre Energien nicht für die Bewältigung von Schuldgefühlen einsetzen und zermürben sich nicht mit qualvollen Phantasien über das Verhältnis der Geschlechter. Sie sind frei von Aggressions- und Vernichtungsphantasien.

Kinder in Summerhill – so Neill – sind auch frei von jener Neigung, für deren Bekämpfung die überlieferte Pädagogik seit der Aufklärung beträchtliche Energien aufwendet: der Lügenhaftigkeit. Neill schreibt, dass es unter seinen Schülern nie einen hartnäckigen, dauerhaften Lügner gegeben habe. Er nennt hierfür eine Reihe von Ursachen. Die Verbreitung von Lüge und Unaufrichtigkeit, die die konventionelle Pädagogik stets beklagt, sieht er in der Falschheit und Unaufrichtigkeit unter den Erwachsenen. Kinder lernen am Modell. Sind die Eltern verlogen, folgen die Kinder diesem Muster. Zugleich wird ihnen freilich die Botschaft vermittelt, dass Lügen eine Sünde ist. Eine gespaltene Wahrnehmung, die keine Orientierung bietet! Geradezu provoziert aber werden die Lügen der Kinder durch die obrigkeitliche Erziehung. Kinder lügen, weil sie Angst vor den Erwachsenen haben. Und was fürchten sie von den Erwachsenen? Die Strafen natürlich. Grund genug für Neill, die Strafen der Erwachsenen gänzlich aus der Erziehung zu verbannen. Damit ist der Kreislauf Strafen–Lügen durchbrochen. Aufgehoben aber wird er durch Neills Verzicht auf religiöse Erziehung und auf moralische Vorschriften, die – so die Erfahrung Neills – eine Quelle der Verstellung, Heuchelei, Unaufrichtigkeit und der Lügen sind. »Ich glaube«, schrieb Neill, »daß erst die moralischen Vorschriften ein Kind böse machen. Ich habe festgestellt, dass ein schlimmer Junge gut wird, wenn ich die Vorschriften, denen er unterworfen war, negiert habe.«[1]

Sind die allgemeinen Moralvorschriften schon sehr negativ in ihrer Auswirkung auf das Kind, so übertreffen die religiösen Indoktrinationen, verbunden mit ihren Angst einflößenden Drohungen, diese schlimme Wirkung noch bei weitem. Neill sieht in der Religion nicht nur einen Krebsschaden der Erziehung, sondern der gesamten Gesellschaft. Eine freie Erziehung ist nach Neill mit der religiösen Unterweisung ebenso unvereinbar, wie eine freie Gesellschaft unter dem Einfluss von Kirche und Religion – jedenfalls in ihrem überlieferten Verständnis.

»Eines Tages wird eine neue Generation die veraltete Religion und die Mythen unserer Zeit nicht mehr akzeptieren. Die neue Religion wird mit der Vorstellung von der Erbsünde aufräumen. Die neue Religion wird Gott preisen, indem sie die Menschen glücklich macht.«[2]

»Aus dem Jungen wird nichts!« – Neills Weg

Fragt man nach dem Werdegang des Pädagogen, der so eindringlich das überlieferte Selbstverständnis der Erzieher in Frage stellte, so mag die Antwort zunächst irritieren. Neills Kindheit und Jugend verlief unter Umständen, die nichts mit Freiheit und Selbstbestimmung zu tun hatten. Am 17. Oktober 1883 wird er in Forfar (Schottland) geboren. Der Erziehungsgeist, der im Hause seiner Eltern, die beide Lehrer waren, herrscht, ist streng calvinistisch und von viktorianischer Prüderie. Ordnung, Gehorsam, Fleiß und Zielstrebigkeit sind die vorgegebenen Leitideen, die Neill und seinen Geschwistern bereits an der Wiege gesungen werden. Diesen Tugenden verpflichtet, war den Eltern Neills bereits ein sozialer Aufstieg gelungen. Der Vater stammte aus einer Bergarbeiterfamilie, der Vater der Mutter war Hafenarbeiter. Neills Eltern war der hart erkämpfte soziale Status, der mit dem Lehramt verknüpft war, wichtig. Für den sozialen Umgang bedeutete dies Abgrenzung; was die Erwartungen an die Kinder betraf, so sollten sie den sozialen Aufstieg fortführen. Die Methoden, die dieses Ziel sicherstellen sollten, waren rigide Forderungen, die mit unerbittlicher Strenge durchgesetzt wurden. Besonders der Vater konnte nur solchen Kindern Achtung entgegenbringen, die aufstiegsbewusst waren und andere überflügelten. Schon als Kind muss Alexander Sutherland die Erfahrung machen, dass er dieser ihm zugedachten Rolle nicht gerecht wird. Das hat Folgen, die sich auf das Vater–Sohn–Verhältnis auswirken.

»Mein Vater machte sich nichts aus mir, als ich ein Kind war. Er war oft grausam zu mir, und ich entwickelte eine ausgesprochene Angst vor ihm, eine Angst, die ich auch als Mann nie ganz überwand. Heute weiß ich, daß Vater überhaupt keine Kinder mochte; er hatte keinen Kontakt zu ihnen. Er wußte nicht, wie man spielt, und er verstand den Geist eines Kindes nicht. Der Junge, den er bewunderte, war der Junge, der die anderen im Unterricht überrundete; und da ich mich nie für den Unterricht interessierte und nicht lernen konnte, konnte ich nicht hoffen, jemals meines Vaters Interesse oder Zuneigung zu gewinnen.«[3]

Als Neill im Alter von vier Jahren bei seinem Vater eingeschult wird, verschärft sich das Verhältnis. Aus Angst davor, dass Mitschüler und Eltern ihn verdächtigen könnten, die eigenen Kinder zu begünstigen, bestraft Neills Vater seine Sprösslinge unerbittlich, oft erhalten sie mehr als ihren gerechten Anteil. Alexander Sutherland empfindet, dass er besonders hart bestraft wird. Die erwünschten Leistungssteigerungen bleiben jedoch aus. Gesteigert wird nur die Angst. Der junge Neill lernt seinen Vater fürchten. An die Missachtung, die der Vater dem Jungen entgegenbringt, hat sich der kleine Alexander im Laufe der Jahre gewöhnt. Aber da sind noch die Strafen, und zwar die körperlichen. »Er hatte die gemeine Angewohnheit, mich mit Daumen und Zeigefinger brutal in die Backe zu kneifen. Oft kniff er mir schmerzhaft in den Arm«, schreibt Neill in seinen Erinnerungen, und er suchte sogleich auch die Schuld bei sich selbst: »Ich muß etwas sehr Abstoßendes an mir gehabt haben, denn meine Geschwister wurden gerechter behandelt.«[4]

Zu dem allgemeinen Leistungsdruck kamen die Maßnahmen, die man im neunzehnten Jahrhundert als unerlässliche Mittel für die religiöse Unterweisung erachtete. Schon als Kind musste Neill die Erfahrung machen, dass ein Verstoß gegen göttliche Gebote eine fürchterliche Rache zeitigt. Als er eines Tages mit seiner Lieblingsschwester Clunie beim »Doktorspiel« ertappt wird, ist die Reaktion der Eltern ohne jedes Maß. Zu den körperlichen Strafen kam die Suggestion von Schuldgefühlen. Die Mutter lässt die Kinder im Zimmer niederknien und Gott um Vergebung bitten. Eine anschließende Einkerkerung soll die Gewissensbildung sicherstellen. Der Lernprozess geht bei Neill jedoch in eine andere Richtung. »So lernte ich, daß Sex von allen Sünden die abscheulichste war. Dieser Vorfall war für mich viele Jahre prägend.«[5]

Neills Eltern mussten schnell einsehen, dass ihr sozialer Aufstieg sich nicht so leicht fortsetzen ließ. Am wenigsten durch ihren Jüngsten. Für den Vater wurde schnell zur Gewissheit, dass jede Hoffnung in die Laufbahn Alexanders eine Illusion war. »›Mary‹, sagte mein Vater immer wieder, ›aus dem Jungen wird nichts.‹ Und meine Mutter schien ihm zuzustimmen.«[6]

Das Ende der Schulzeit kam herbei. An Neills Unfähigkeit zum Lernen hatte sich nichts geändert. An den Besuch einer weiterführenden Schule war nicht zu denken. Neill wurde Schreibkraft in einer Gaszählerfabrik in Edinburgh. Mit seinem Bruder Neilie, der in einer Mühle arbeitete, teilte er sich ein Zimmer. Als Neilie seine Arbeit verliert, bleibt Neill allein in der großen Stadt, leidet fürchterlich unter Einsamkeit und Heimweh. Sieben Monate später gestatten die Eltern, dass er heimkehrt.

Auch die nächsten Versuche, eine Existenz zu gründen, schlagen fehl. Die Aufnahme in den Verwaltungsdienst scheitert bereits an der Eingangsprüfung. Eine Lehre im Tuchhandel muss aus gesundheitlichen Gründen abgebrochen werden. Die finstere Prophetie von Neills Vater schien sich zu bestätigen.

»›Es ist hoffnungslos mit dem Jungen‹, sagte mein Vater düster.
›Dann soll er Lehrer werden‹, schlug Mutter vor.
›Dafür könnte es genügen‹, sagte Vater grimmig und ohne zu lächeln.«[7]

Neill wurde Lehrerpraktikant, damals ein in manchen Teilen Europas noch üblicher Einstieg in den Lehrerberuf. Die Lehrzeit dauerte vier Jahre. Neill absolvierte sie und machte dabei positive Erfahrungen – obwohl er die Lehre bei seinem Vater antrat. Er lernte diesen verschlossenen Mann jetzt als einen sehr guten Lehrer kennen, der sich mit seinen Schülern viel Mühe gab. Neill selber machte die Erfahrung, dass Lehren eine gute Möglichkeit des Lernens ist. Nach Abschluss der Ausbildung folgen mehrere Versuche als Lehrer an staatlichen Schulen zu unterrichten. Die straffe Regulierung des Schulalltags und die strenge Disziplin, die den Schülern dort auferlegt wird, machen ihm die Schule verhasst. Zwar erkennt Neill seine Neigung zur Pädagogik, legt auch die noch ausstehenden Prüfungen der Lehrerausbildung ab, zugleich aber bewirbt er sich um die Aufnahme an der Universität Edinburgh. Dort studiert er von 1908–1912 zunächst Landwirtschaft, dann englische Literatur. 1912 schließt er das Studium mit dem akademischen Titel Master of Arts ab, mit gutem Erfolg. Schon während des Studiums hat er eine weitere Neigung und Begabung erkannt: das Schreiben. Als Herausgeber und Beiträger der Universitätszeitung *The Student* hatte er die Möglichkeit, sein Talent zu erproben. Jetzt, nach Abschluss des Examens, schwebt ihm eine Tätigkeit als Journalist und Redakteur vor. Er nimmt die Arbeit in einer Lexikon-Redaktion auf und folgt der Redaktion begeistert, als der Sitz in die Weltstadt London verlegt wird. Nach einer Weile wechselt er zu einem aktuellen Magazin, das ihm mehr Möglichkeiten bietet, seine journalistischen Fähigkeiten zu entfalten.

Daneben hat er jedoch seine pädagogischen Ambitionen nicht vergessen. Als das Blatt 1914 – nach Ausbruch des Krieges – sein Erscheinen einstellt, übernimmt Neill – da er als kriegsuntauglich eingestuft wird – die Leitung der Public School in Gretna Green.

Als Leiter der Schule hat er es nicht mit den strengen Erwartungen von Vorgesetzten zu tun. Neill konnte mit seinen Schülern einen Umgang pflegen, der frei von militärischem Drill war. Das heitere Zusammensein in der Schule führte zwar zu Irritationen bei den Eltern, diese konnten jedoch beschwichtigt werden, zumal die Väter und Mütter mit Erstaunen sahen, dass die Kinder trotz des Verzichts auf strenge Disziplin imstande waren, ordentlich zu lernen. In Gretna Green machte Neill eine Reihe von positiven Erfahrungen mit seinen Erziehungsvorstellungen. Nach einer kurzen Unterbrechung durch einen neuen Einberufungsbefehl (mit erneuter Kriegsuntauglichkeitsfeststellung) hatte Neill zwei weitere Begegnungen, die für seine pädagogische Einstellung von entscheidendem Einfluss waren. In *Little Commonwealth* von Homer Lane, einer Art Schulfarm, arbeitete Lane mit Waisenkindern, straffällig gewordenen Jugendlichen und anderen, die durch häusliche Umstände in eine schwierige Entwicklung geraten waren. Hier lernt Neill eine ihm neue Form der Selbstverwaltung kennen, das *Selfgovernment*, in dem die Schüler sich eigene Gesetze geben und sich die Institutionen zu ihrer Einhaltung schaffen. Noch einmal, im Jahre 1918, übernimmt Neill eine Lehrstelle – an John Russells *King Alfred School* im Londoner Stadtteil Hampstead –, scheitert dort jedoch, weil er seine Ideen von der Schülerselbstverwaltung konsequent durchzuführen versucht. 1919 gibt er auf. In diesem Jahr stirbt Clunie, seine Lieblingsschwester. Ihr früher Tod ist für Neill der größte Schmerz seines Lebens.

1919 – er ist jetzt 36 Jahre alt – ist Neill von seinem pädagogischen Programm überzeugt; er sieht freilich keine Möglichkeiten, seine Ideen in einer staatlichen Schule zu realisieren. Seine Erfahrungen hat er bereits seit einigen Jahren zu Papier gebracht, in Zeitungsartikeln, in Tagebüchern und belletristischen Versuchen, die auch Verleger fanden. In Fachkreisen hat er bereits einen Namen. Ab 1920 ist Neill Mitherausgeber der *New Era*, einer Zeitschrift für die Erneuerung der Erziehung. In dieser Eigenschaft reist er zu Kongressen, hospitiert in alternativen Schulen und berichtet darüber.

Als er 1921 nach Hellerau bei Dresden in die *Jacques-Dalcroze-Schule* kommt, erhält er das Angebot, in einem soeben fertig gestellten Seitenflügel des Gebäudes eine internationale Schule einzurichten. Neill nimmt das Angebot an. Erstmals kann er sein Konzept in die Praxis umsetzen. Es enthält bereits alle wichtigen Bestandteile, die Summerhill später weltberühmt machen sollten: das Selfgovernment, die freiwillige Teilnahme am Unterricht, die Verwerfung faszinierender Methoden zugunsten der Entwicklung des eigenen Interesses der Kinder, die Absage an Autorität und Strafen.

1923, nach Ausbruch der Revolution in Sachsen, die Auswirkungen auf den Schulbesuch hatte (immer weniger Schüler kamen), zieht die Schule für kurze Zeit nach Österreich, um 1924 endgültig nach England zu gehen.

Damit sind die wichtigsten Stationen Neills auf dem

Wege zu einer eigenen Schule gekennzeichnet: seine negativen Erfahrungen mit Angst und Autorität in der Kindheit, das Trauma der Schulzeit, die Erkenntnis, dass Kinder auch auf anderem Wege lernen können, sowie seine negativen und positiven Erfahrungen mit der Absicht, ein alternatives Konzept in staatlichen Schulen durchzusetzen. Hinzu kommt freilich ein weiteres ganz wichtiges Kriterium. Neill hat nie die schmerzlichen Erfahrungen seiner Kindheit vergessen. Sie waren für ihn stets präsent, auch noch im hohen Alter nach einem langen, bewegten Leben. Neill war freilich zu sehr der Psychoanalyse verpflichtet, als dass er sich nur auf sein Gedächtnis verlassen hätte. Schon 1919 versucht er in England eine Analyse bei dem Jung-Schüler Maurice Nicoll, in der kurzen Zeit in Österreich hat er Kontakt zu Siegfried Bernfeld, August Aichhorn und Otto Rank, die die psychoanalytischen Erfahrungen mit erzieherischen Aktivitäten verbanden. Bei Wilhelm Stekel macht er eine Analyse, die freilich seine tieferen Schichten nicht erreicht. Aber es entsteht eine Freundschaft zu diesem Analytiker, der sich schon früh mit Sigmund Freud und seinen Anhängern überwarf.

Sehr innig war Neills Verhältnis zu einem anderen Freud-Schüler, der ihn nachhaltig beeinflussen und bestärken sollte: Wilhelm Reich.

Reich (1897 geboren, vierzehn Jahre jünger als Neill) studierte zunächst Medizin und lernte in jungen Jahren Sigmund Freud in Wien kennen. Nach einer kurzen Analyse nahm Freud ihn in die *Wiener Psychoanalytische Gesellschaft* auf. Reich leitete sechs Jahre lang ein Seminar für psychoanalytische Therapie. Im Gegensatz zu Freud, dessen Klientel aus dem gehobenen Bürgertum kam, stammten Reichs Patienten aus der Arbeiterklasse. Reich sah die Neurosenbildung in engem Zusammenhang mit der Sexualunterdrückung. Die sexuelle Repression sieht Reich als einen Teil der allgemeinen Unterdrückung an, sie erfolgt über die autoritäre Ehe- und Familienstruktur, über die Schule und andere Ausbildungsinstitutionen. Der gesamte Niederhaltungsprozess ist nach Reich ein Funktionsinstrument der kapitalistischen Gesellschaft, die sich über diesen Mechanismus reproduzierte. Reich versuchte in seinen theoretischen Bemühungen, eine Brücke zwischen Marx und Freud zu schlagen.

Obwohl die beiden in der Gesellschaftsanalyse Welten trennten, hatten sie doch sehr viele Gemeinsamkeiten. Neill interessierte sich vorwiegend für Reichs frühe Ansätze. Bücher wie *Die sexuelle Revolution*, *Charakteranalyse*, *Die Funktion des Orgasmus* oder *Die Massenpsychologie des Faschismus* waren ihm Evangelien. Reich hatte jedoch keinen Einfluss auf Summerhill. Sein Schulkonzept stand lange fest, bevor er Reich begegnete.

Der Erfolg der antiautoritären Erziehung

Als die antiautoritäre Bewegung weltweit zu einem politischen Faktor wurde, bestand die Schule Summerhill bereits im fünften Jahrzehnt. Neill hatte kontinuierliche, aber unspektakuläre Arbeit geleistet. Er war in Fachkreisen bekannt und bei einigen psychologisch interessierten Eltern und Erziehern, mehr aber nicht. Der Absatz seiner Bücher stagnierte. Im deutschsprachigen Raum gab es seit den sechziger Jahren in einem kleinen Verlag den Titel: *Erziehung in Summerhill. Das revolutionäre Beispiel einer freien Schule.* Er blieb viele Jahre unbeachtet.

Das änderte sich ausgangs der sechziger Jahre schlagartig. Die jahrzehntealte Kritik Neills traf ins Schwarze, als sei sie aus der aktuellen erzieherischen Gegenwart heraus entstanden. Die kritische Analyse traf für viele familiäre Erziehungsverhältnisse ebenso zu wie für die staatlichen Kindergärten. Nach wie vor war auch der Erziehungsstil in den Schulen durch einen autoritären Drill gekennzeichnet, wie ihn Neill bereits ein halbes Jahrhundert zuvor beschrieben hatte. Das betraf auch den öffentlichen Umgang mit der Sexualität, die in der damaligen Zeit einem strengen Tabu unterlag. Sexualerziehung war im schulischen wie im familiären Sektor ein Fremdwort.[8] Neills Gedanken waren brandaktuell, weil die erzieherischen Verhältnisse, die er ein halbes Jahrhundert zuvor kritisiert hatte, sich nicht verändert hatten. Mit der Schüler- und Studentenbewegung geriet das Neill'sche Programm mitten in die Diskussion. Das erwähnte Buch *Erziehung in Summerhill* kam 1969 unter dem Titel: *Theorie und Praxis der antiautoritären Erziehung* im Rowohlt-Verlag heraus. Innerhalb weniger Jahre wurden über eine Million Exemplare verkauft. Neills Thesen wurden auch dort diskutiert, wo der Autor für die Verwirklichung seiner Ideen wenig Chancen sah: in staatlichen Schulen und Kindergärten. Ähnlich groß war schon einige Jahre zuvor Neills Erfolg in Amerika. Schulen wurden nach *Summerhill* gegründet, Erziehungsgesellschaften ins Leben gerufen. Neill erhielt viele Einladungen zu Vorträgen und zu Rundfunk- und Fernsehsendungen. Das öffentliche Interesse an *Summerhill* wirkte sich segensreich auf die Schule aus, die Ende der sechziger Jahre in finanziellen Schwierigkeiten steckte. Jetzt ging es wieder bergauf.

Auch an persönlichen Ehrungen fehlt es in diesen Jahren nicht. 1966 erhält Neill die Ehrendoktorwürde der Universität Newcastle, 1968 setzt ihm die Universität Exeter den Ehrendoktorhut auf, und 1971 zieht die Universität Essex nach.

In den siebziger Jahren zieht sich Neill mehr und mehr aus dem Schulgeschehen zurück, denkt über das Leben nach und schreibt seine Erinnerungen, die 1972 erscheinen.

Am 23. September 1973 stirbt Neill im Krankenhaus von Aldeburgh, zwei Wochen vor seinem neunzigsten Geburtstag.

Die weltweite Beachtung und die persönlichen Ehrungen, die Neill und seiner Schule am Ende seines Lebens zuteil wurden, bedeuteten freilich nicht die ungeteilte Zustimmung zu seinem pädagogischen Konzept. Heftige Kritik kam von »rechts« wie von »links«, letztlich von allen Seiten. Die konservativen Hüter von Moral und Ordnung konnten in Neills Ideen nur die Verleitung der Kinder zu Libertinage und Zügellosigkeit sehen; die »Revolutionäre« von 1968 hingegen lehnten ihn ab, weil das Konzept nicht auf Systemüberwindung angelegt war. Zwei alte Vorwürfe, mit denen sich Neill früh auseinander gesetzt hat.

Was den ersten angeht, so wurde Neill nicht müde, an konkreten Beispielen zu zeigen, was die Freiheit von der Zügellosigkeit unterscheidet. Selbstbestimmung bedeutete für Neill nie die schrankenlose egoistische Wahrnehmung aller Möglichkeiten. Freiheit hat auch bei Neill ihre Grenzen, wie schon oben im Zusammenhang mit der Selbstregierung der SchülerInnen gezeigt wurde. Was die Systemüberwindung anging, so musste Neill seinen Kritikern Recht geben. Neill sah seine Aufgabe nicht in erster Linie darin, die Gesellschaft zu ändern, sein Anspruch war weitaus bescheidener. Er wollte die ihm anvertrauten Kinder zu glücklichen Menschen machen, nicht mehr, aber auch nicht weniger. Allerdings entwickelte er dabei eine utopische Vorstellung, die seit jeher pädagogischen Konzepten eigen ist: Neill war der Meinung, dass eine Erziehung ohne Zwang, ohne Autorität, ohne Strafen und ohne religiöse Indoktrination zu einem neuen Menschen führen müsse, der sich eine andere Gesellschaft einrichtet.

Neben prominenten Bewunderern, wie Henry Miller und dem amerikanischen Psychologen und Therapeuten Carl Ransom Rogers, hatte Neill auch berühmte Kritiker. Erich Fromm störte die Naivität, mit der Neill psychoanalytische Deutungen vornahm, Paul Geheeb, der Begründer der Odenwaldschule und langjährige Leiter der Ecole d'Humanité in Goldern (Schweiz), vermutete, dass eine solch individualistische Erziehung wohl nur für extrem geschädigte Kinder geeignet, für diese möglicherweise sogar die einzige Rettung sei.

Erziehungswissenschaftler, die zwischen dem Für und Wider kritisch abzuwägen haben, sehen zwar, dass Summerhill auch nicht frei von Autorität ist (und auch nicht sein kann), schätzen aber die Übertragbarkeit des Ansatzes auf die Normalschule kritisch ein. Immerhin lassen sie jedoch Neills Konzept als ein Korrektiv gelten. Wo sich autoritäre Verhältnisse so extrem entwickelt haben, dass sie die elementaren Rechte der Kinder und Jugendlichen massiv einschränken oder ganz unterdrücken, dort hat eine antiautoritäre Erziehung zumindest zeitweise ihre Berechtigung.

Eine solche Situation war in unserer Gesellschaft zu Beginn der sechziger Jahre zweifellos gegeben. Und in diesem Sinne hat Summerhill vielen Eltern, Erziehern und Lehrern Anstöße gegeben, nicht zu einer kritiklosen Übernahme des Modells, sondern zum Nachdenken über Autoritätsformen, die uns von Kindheit an als nicht hinterfragbar suggeriert worden waren.

Bruno Bettelheim, der berühmte Psychoanalytiker und Pädagoge, hob in seiner Betrachtung Summerhills die persönliche Rolle Neills sehr stark hervor. Diese Schule sei ganz von seiner einzigartigen Persönlichkeit geprägt. Dieser Umstand trifft zweifellos zu und wird von vielen Besuchern Summerhills bestätigt. Andere Kritiker haben daraus den Schluss gezogen, dass Summerhill keine Zukunft haben könne, dass mit dem Ableben Neills auch die Schule am Ende sein werde. Diese Prognose hat sich nicht bestätigt. 25 Jahre nach Neills Tod ist Summerhill nach wie vor eine Zufluchtsstätte für Schülerinnen und Schüler, deren Eltern mit dem normalpädagogischen Latein am Ende sind.

Anmerkungen

1 Neill, Alexander Sutherland: Theorie und Praxis der antiautoritären Erziehung. Das Beispiel Summerhill. 61.-90. Tsd., Reinbek bei Hamburg 1969, S. 234.
2 Ebd., S. 227.
3 Neill, A. S.: Neill, Neill, Birnenstil! Erinnerungen von A. S. Neill. Reinbek bei Hamburg 1973, S. 22.
4 Ebd., S. 27f.
5 Ebd., S. 65.
6 Ebd., S. 42f.
7 Ebd., S. 74.
8 Zum Umgang mit der Sexualität und der Sexualerziehung zu Beginn der siebziger Jahre siehe Koch, Friedrich: Negative und positive Sexualerziehung. Eine Analyse katholischer, evangelischer und überkonfessioneller Aufklärungsschriften. Heidelberg 1971.

Erziehung zur Selbsttätigkeit: Maria Montessoris Kinderhäuser

> »Die Schule war für das Kind die Stätte größter Trostlosigkeit. Jene ungeheuren Gebäude scheinen für eine Menge von Erwachsenen errichtet. Alles ist hier auf den Erwachsenen zugeschnitten: die Fenster, die Türen, die langen Gänge, die kahlen einförmigen Klassenzimmer ...«
> MARIA MONTESSORI

Eine eigenwillige Tochter aus gutem Hause

Die biographischen Daten Maria Montessoris wirken wie der Auszug aus einem Lexikon der Superlative. Maria Montessori war 1892 die erste Medizinstudentin Italiens, vier Jahre später ist sie die erste Ärztin dieses Landes. Sie ist die erste Frau, die eine umfassende Erziehungstheorie entwickelt und diese auch in die Praxis umgesetzt hat. Sie dürfte die bekannteste Pädagogin, nicht nur in Europa, sondern in der ganzen Welt sein. Es gibt keine zweite Erzieherin, keinen zweiten Erzieher des zwanzigsten Jahrhunderts, nach dem weltweit so viele Straßen, Schulen, Kindergärten, Gesellschaften, Erziehungsbewegungen, Methoden und Medien (Bücher und Arbeitsmaterialien) benannt sind. Selbst im historischen Vergleich dürfte man – Pestalozzi ausgenommen – kaum einen Erzieher finden, dessen Name – wie der Maria Montessoris – einer so breiten Öffentlichkeit bekannt wurde und dessen Bild man auf Münzen, Briefmarken und Banknoten wiederfindet.

Veranschaulicht man sich die Widerstände, mit denen Frauen zu Beginn des einundzwanzigsten Jahrhunderts immer noch zu rechnen haben, wenn sie eine akademische und berufliche Karriere anstreben, so stellt sich unweigerlich die Frage, wie eine solche Laufbahn vor mehr als einhundert Jahren – ohne Quotenregelung, ohne Frauenbeauftragte und ohne den Beistand anderer Gleichstellungsinstitutionen – möglich war; und zwar in einem Land, in dem selbst heute noch patriarchalische Züge anzutreffen sind. Noch Ende des neunzehnten Jahrhunderts war Italien eines der rückständigsten Länder Westeuropas. Das Land hatte sich gerade – 1870 – aus zahlreichen Freistaaten, Fürsten- und Herzogtümern zu einem Nationalstaat vereinigt. Armut und Analphabetentum waren weit verbreitet. Sozialreformen, die in anderen Ländern bereits Fortschritte gemacht hatten, wurden hier nicht einmal diskutiert oder angedacht. Nur ein ganz kleiner Teil der Bevölkerung ging zur Schule; magisches Denken und Aberglauben spielten im ländlichen Alltag eine Rolle. Die katholische Kirche tat ein Übriges, die Menschen in Unwissenheit und Untertänigkeit zu halten. Die Kinderarbeit war – wie auch in den Nachbarländern – weit verbreitet. Schon Neunjährige wurden in die Textilfabriken geschickt, und die Bestellung der Felder war ohne Mithilfe von Kindern gar nicht denkbar. Da halfen auch Erlasse und Gesetze zur allgemeinen Schulpflicht wenig. Nur ein Bruchteil der Kinder lernte die Elementarschule (sie bestand aus vier Schuljahren) von innen kennen. Noch weniger die Sekundarstufe. Sie bestand aus der fünfjährigen Unterstufe und der dreijährigen Oberstufe des Gymnasiums oder aus einer siebenjährigen naturwissenschaftlich-technischen Ausbildung. Von hier führte der Weg zur Universität. Freilich nur für eine elitäre Minderheit. Und wohlgemerkt: nur für das männliche Geschlecht. Die öffentlichen Schulen waren weitgehend Jungen vorbehalten; Mädchen – wenn man denn eine Schulbildung für sie als nötig erachtete – besuchten Privatschulen, die zumeist katholisch ausgerichtet waren. Die Chancen, von hier aus eine universitäre Laufbahn einzuschlagen, waren von vornherein gering.

Maria Montessori wurde am 31. August 1870 in Chiaravalle geboren. Hier, in der Provinz Ancona, verbringt sie ihre frühe Kindheit. Als sie drei ist, zieht die Familie nach Florenz; als sie sechs wird, nach Rom. Hier besucht sie die Grundschule und, von 1883 bis 1890, die naturwissenschaftlich-technische Sekundarschule. Die Wahl dieses Zweiges fiel für ein Mädchen aus dem Rahmen. Maria Montessori schloss diese Schule in allen Fächern mit guten Noten ab. Auch den Besuch des *Regio Istituto Tecnico Leonardo da Vinci* absolviert sie mit Erfolg. Der Vater Marias – ein traditionsbewusster Finanzbeamter im gehobenen Dienst –, dessen Weltbild durch die naturwissenschaftlich-technischen Interessen seiner Tochter nicht ohne Irritationen geblieben war, hofft, dass die Ambitionen Marias wenigstens einigermaßen gesellschaftskonform in den Lehrerberuf münden werden. Maria hingegen äußert gegen Ende ihrer Schulzeit die Absicht, Ingenieurin werden zu wollen, was den Vater einigermaßen fassungslos macht. Aber es kommt noch schlimmer für ihn. 1890 steht für Maria Montessori fest, dass sie zur Ärztin berufen ist. Der Vater ist konsterniert – Ärztin? Es gibt keine Ärztinnen in Italien. Der Beruf wird ausschließlich von Männern ausgeübt. Maria studiert zunächst zwei Jahre Naturwissenschaften und – nach dem erfolgreichen Abschluss dieser Vorstudien – ab 1892 Medizin. Das schreibt sich leicht dahin. Überwunden werden mussten jedoch nicht nur die allgemeinen Vorurteile der Gesellschaft, sondern auch konkrete Widerstände, die in der Zulassungsordnung für die medizinische Fakultät bestanden. Wie ihre Immatrikulation schließlich erreicht wurde, ist unklar. Ob es politische und kirchliche Instanzen waren oder gar – wie auch behauptet wurde – Papst Leo XIII. höchstpersönlich zu ihren Gunsten eingegriffen hat, kann nicht beantwortet werden. Offen bleibt auch die eingangs gestellte Frage, wie in aller Welt es möglich war, dass ein Mädchen alle formellen und informellen Hindernisse überwindet, die ein patriarchalisches System seinen Abweichlern entgegenstellt. Die Widerstände waren – wie bereits erwähnt – schon in ihrer Familie vorhanden. Der Vater war ganz am überlieferten Geschlechtsrollenmodell orientiert und gestand Maria allenfalls berufliche Ambitionen zu, die sich mit dem »mütterlichen Wesen« vereinbaren ließen. Unterstützung fand Maria Montessori jedoch bei ihrer Mutter. Sie kam aus einer Gutsbesitzerfamilie, hatte eine gute Bildung genossen, die sich aber mit ihrer Verheiratung nicht weiter ausbauen ließ. Ihre Tochter sollte beruflich erfolgreich sein, eine Stellung in der Gesellschaft erlangen, die ihr nur sehr eingeschränkt gegeben war. Zweifellos ist die Rolle, die die Mutter in der Laufbahn Montessoris gespielt hat, von nicht zu unterschätzender Bedeutung. Aber sie erklärt nicht alles. Auch Biographen, die sich sehr intensiv mit dem Lebensweg der Montessori auseinander gesetzt haben, kommen an dieser Stelle nicht weiter. Da gibt es manche Anekdoten aus Kindheit und Schulzeit, die jedoch nur die Vermutung zulassen, dass bereits die kleine Maria ihren eigenen Kopf gehabt hat, sehr willensstark war und schon als Grundschulkind ein ausgeprägtes Selbstbewusstsein gehabt hat. Eigenschaften also, die ihr den späteren Lebensweg erleichtert haben, deren Ursprung aber letztlich nicht erklärt werden können, weil man aus Kindheit und Jugend der Montessori zu wenig weiß.

Die Hürden, die eine Studentin bei der Durchführung ihres Studiums zu überwinden hatte, waren beträchtlich. »Wer bringt das Kind, wer holt es ab?« Das ist eine Frage, die heute unter Paaren gestellt wird, die ein Kind in der Kinderkrippe haben. Ausgangs des neunzehnten Jahrhunderts jedoch war es höchst unschicklich, als Mädchen oder junge Frau allein auf die Straße zu gehen. Die Frage, wer Maria in die Fakultät begleitet, gehörte zur täglichen Absprache der Tagesgestaltung. Ein anderes Ritual: Maria durfte immer nur als Letzte den Hörsaal betreten, wenn die Herren Studenten bereits Platz genommen hatten. Das Aufsuchen des freien Platzes gestaltete sich für die Außenseiterin oft zu einem Spießrutenlauf. Hinzu kamen Schwierigkeiten, die in der Sexualmoral begründet waren. Das Nacktheitstabu war um 1900 derartig extrem, dass Damen und Herren nur in Badeanzügen, die den ganzen Körper bedeckten, die Strände und Badeanstalten betraten. Das Tabu wurde für Maria zum Problem, weil es sich auch im Seziersaal auswirkte. Undenkbar, dass eine Frau sich an einem nackten Körper zu schaffen machte – in Gegenwart eines Professors und etlicher anderer junger Herren! Maria konnte daher erst dann den Seziersaal betreten, wenn ihre Kommilitonen ihre Studien beendet hatten. Die Liste der Widrigkeiten ließe sich verlängern. Das System war ihr feindlich, die Studenten waren ihre Gegner, und auch der Vater hatte seinen Groll gegen die eigenwillige Tochter nicht begraben. Es hat in diesen Jahren manchen Augenblick gegeben, in dem Maria geneigt war, ihr Vorhaben aufzugeben. Aufs Ganze gesehen haben die Widerstände sie jedoch gestärkt. Maria Montessori entwickelte nicht nur einen trotzigen Widerstand, sondern steigerte sich auch in ein mystisches Sendungsbewusstsein, das ihr über die Missgünstigkeiten des Studienalltags hinweghalf. Es hat den Anschein, dass die sozialen Hindernisse weitaus größer und nachhaltiger waren als die eigentlichen Probleme des medizinischen Fachstudiums. Maria fiel schnell durch ihre guten Leistungen auf, gewann nach ihrem Anfangsstudium einen Jahrespreis von – damals – beachtlichen tausend Lire und einen Wettbewerb um eine Assistentenstelle, die sie – und das war das Besondere – bereits während des Studiums antreten konnte. So kam sie bereits in den letzten zwei Jahren ihres Studiums zu beachtlichen Praxiserfahrungen. Sie arbeitete am Frauenkrankenhaus und betrieb psychiatrische Studien. Der Schwerpunkt ihrer Arbeit lag jedoch im Bereich der Kinderheilkunde. In der Ambulanz des Kinderkrankenhauses führte sie Untersuchungen durch, schrieb Diagnosen und machte Behandlungsvorschläge. Im letzten Jahr arbeitete sie auf der Unfallstation, wo sie bei Operationen assistierte. Ihr Studium, das mit so vielen Hürden verbunden war, endet dennoch triumphal. Der Abschlussvortrag beeindruckt, nicht nur durch seinen Inhalt, sondern auch durch Marias Auftreten vor den versammelten Fakultätsmitgliedern. Ihre Promotion zur ersten Ärztin Italiens wird zu einem Siegeszug. Sie wird in der Öffentlichkeit bewundert, Journalisten kommen ins Haus, ihre Professoren geben sich die Ehre eines Besuchs, und – sogar der Vater ist versöhnt. Mehr noch: Alessandro Montessori ist stolz auf seine Tochter. Maria ist glücklich, aber der Erfolg hat sie nicht übermütig und schon gar nicht überheblich gemacht; sie relativiert ihren Triumph. Sie sieht, dass sich ein Gutteil ihrer Berühmtheit ihrem Mut verdankt (als ob das nicht schon sehr viel wäre!). Nach ihrer Doktorprüfung schreibt sie an eine Freundin:

»Also hier bin ich: berühmt! Andererseits, meine Liebe, ist es nicht sehr schwierig, wie du siehst. Ich bin nicht berühmt wegen meines Könnens oder meiner Klugheit, sondern wegen meines Mutes und meiner Kaltblütigkeit gegen alles. Das ist etwas, was man immer erreichen kann, wenn man will, aber es kostet schreckliche Anstrengung.«[1]

Die neue Methode

Nach dem Examen arbeitet Maria Montessori weiterhin als Assistenzärztin in der Chirurgie, unterhält eine eigene Praxis und bleibt auch der Frauen- und Kinderklinik weiterhin verbunden. Ab 1897 arbeitet sie in der Psychiatrischen Klinik der Universität Rom. Zu ihren Aufgaben gehört es, in den Irrenanstalten schwachsinnige Kinder auszuwählen, um diese dann der Psychiatrie zuzuführen. Zwei Erfahrungen disponierten sie für diese Tätigkeit: die Beschäftigung mit Kinderkrankheiten und ihr Engagement für soziale Fragen. Die Unterbringung von Menschen, die mit dem Stigma der Idiotie versehen wurden, erfolgte in den großen Städten des neunzehnten Jahrhunderts unter katastrophalen Bedingungen. Europaweit wurden sie in finsteren Verliesen weggeschlossen. Nur notdürftig mit Kleidung und Nahrung versorgt, vegetierten sie dahin, bis eine gnädige Krankheit ihrem Leben ein Ende bereitete.

Maria Montessori hat schon nach kurzer Zeit ihrer Tätigkeit den Eindruck, dass eine klare Trennung zwischen der Idiotie und dem Normalen nicht gezogen werden könne. Schnell hat sie den Verdacht, dass manche Kinder nur deshalb als Idioten angesehen werden, weil sie niemals eine Anregung erhalten, genauer: weil sie von Geburt an in einem Zustand der totalen Vernachlässigung gelebt haben. Montessori ging in die Bibliotheken und studierte Bücher über geistig behinderte Kinder. Sie stößt auf die Schriften von Jean-Marc-Gaspard Itard und Edouard Séguin.

Itard war zu Beginn des neunzehnten Jahrhunderts durch seine Unterrichtsversuche mit einem wilden Kind, das man in den Wäldern von Aveyron (Südfrankreich) eingefangen hatte, berühmt geworden.[2] In zwei Berichten an die Regierung hatte er seine Methoden und Maßnahmen geschildert, mit denen er den Jungen in die Gesellschaft einzugliedern versuchte.

Sein Schüler Edouard Séguin entwickelte die Verfahrensweisen weiter und wurde zum berühmten Vertreter der modernen Geistigbehinderten-Pädagogik. In seiner Methode spielte die sinnliche Erfahrung eine große Rolle. Besonders die manuelle Tätigkeit, das Hantieren mit den unterschiedlichen Formen, sollte das Erkennen, Vergleichen und Unterscheiden erleichtern. Séguin entwickelte Aufgaben mit Bauklötzen von unterschiedlicher Größe, Medien für das Lernen von Zu- und Aufknöpfen, Auf- und Zuschnüren etc. Er bastelte mit den Kindern Glasperlenketten, arbeitete mit ihnen am Nagelbrett, an dem jeweils die richtigen Nägel in die entsprechenden Öffnungen eingepasst werden mussten. Die Auseinandersetzung mit den Werken von Itard und Séguin wird für Maria Montessori zur Offenbarung. Sie legt einen Schatz von Arbeitsmaterialien an. Systematisch arbeitet sie mit geistig behinderten Kindern, denen sie die Spielgaben vorlegt. Es gelingt ihr, den Zurückgebliebenen Lesen und Schreiben beizubringen. Bei der Arbeit entwickelt sie eine These. Sie glaubt, dass die Methoden und Materialien auch für Kinder geeignet sind, die nicht unter geistiger Behinderung leiden. Die Arbeitsmittel könnten auch jene Behinderungen aufheben oder lindern, die durch die wenig stimulierende Atmosphäre der staatlichen Schulen entsteht.

In den Jahren nach ihrem Examen entwickelt sich zwischen Maria Montessori und ihrem Kollegen Dr. Giuseppe Montesano eine Liebesbeziehung. Im Jahre 1898 wird ihr Sohn Mario geboren. Maria bleibt unverheiratet. Sie gibt das Kind aufs Land in die Familie von Bekannten, die Mario großziehen. Die Mutter kommt häufig zu Besuch. Über die Beziehung zu Dr. Montesano ist nichts Zuverlässiges bekannt, auch nichts über die Konflikte Marias mit sich selbst oder mit ihren Eltern, insbesondere mit dem Vater.

Ein uneheliches Kind zu haben, war für eine Mutter bis in die siebziger Jahre des ausgehenden zwanzigsten Jahrhunderts eine soziale Katastrophe – nicht nur in Italien. Um wie viel mehr musste sich ein solches Ereignis vor einhundert Jahren in einem Lande auswirken, das wie kaum ein anderes vom Vatikan und seiner Politik beeinflusst war! Die Chancen einer ledigen Mutter auf eine bürgerliche Berufskarriere waren – normalerweise – gleich Null. Maria Montessori zeigte auch bei der Bewältigung dieses Problems, dass sie die gesellschaftlichen Normen zu sprengen vermochte. Sie nimmt auch diese Hürde. Unter welchen persönlichen Opfern, unter welchen Versagungen – wissen wir nicht.

Als Mario fünfzehn Jahre alt ist, nimmt ihn die Mutter zu sich. Er wird im Laufe der nächsten Jahrzehnte – später mit seiner Familie – ihr treuester und zuverlässigster Begleiter. Maria Montessori ist in diesen Jahren ganz der Pädagogik zugewandt. Um ihre Studien systematisch zu betreiben, nimmt sie 1902 noch einmal ein Studium auf – mit den Schwerpunkten Pädagogik, Experimentalpsychologie und Anthropologie. Zwei Jahre später engagiert sie sich in der Lehrerbildung mit Vorlesungen über Anthropologie und Biologie.

Nach einigen Jahren des Lehrens und Lernens erfolgt im Jahre 1907 die Eröffnung des ersten Kinderhauses *(Casa dei bambini)*. Es lag im römischen Stadtteil San Lorenzo, ein soziales Problemgebiet mit hoher Arbeits- und Obdachlosigkeit. Bettler, Prostituierte, entlassene Strafgefangene und andere Randständige bestimmten das soziale Bild. Sie hatten sich in Häuserblocks eingerichtet, die infolge der Wirtschaftskrise nicht fertig gestellt werden konnten. In diesem Viertel entstand also das erste Kinderhaus. Die Kinder wurden tagsüber betreut, so dass die Eltern die Möglichkeit hatten, auf Arbeitssuche zu gehen bzw. eine Tätigkeit aufzunehmen. Der Erfolg der *Casa dei bambini* war durchschlagend. Die Atmosphäre des Hauses, der Umgang mit den Kindern sowie die Arbeitsmittel und Methoden wirkten sich außerordentlich positiv auf die Gemütslage der Kinder, auf ihre Arbeitshaltung und ihre Konzentrationsfähigkeit aus. Montessori beschreibt diese *Polarisation der Aufmerksamkeit* an der Beobachtung eines Kindes, das sich mit dem Einsatzzylinderblock beschäftigte. Die Erfahrung war für Montessori grundlegend. Es ging ihr wie einem Naturforscher, der einen entscheidenden Zusammenhang entdeckt hat.

»Ich halte es ... für notwendig, das *grundlegende Faktum* hervorzuheben, das mich zur Festlegung dieser Methode führte. Als ich meine ersten Versuche unter Anwendung der Prinzipien und eines Teils des Materials, die mir vor vielen Jahren bei der Erziehung schwachsinniger Kinder geholfen hatten, mit kleinen normalen Kindern von S. Lorenzo durchführte, beobachtete ich ein etwa dreijähriges Mädchen, das tief versunken war in der Beschäftigung mit einem Einsatzzylinderblock, aus dem es die kleinen Holzzylinder herauszog und wieder an ihre Stelle steckte. Der Ausdruck des Mädchens zeugte von so intensiver Aufmerksamkeit, daß er für mich eine außerordentliche Offenbarung war. Die

Kinder hatten bisher noch nicht eine solche auf einen Gegenstand fixierte Aufmerksamkeit gezeigt. Und da ich von der charakteristischen Unstetigkeit der Aufmerksamkeit des kleinen Kindes überzeugt war, die rastlos von einem Ding zum anderen wandert, wurde ich noch empfindlicher für dieses Phänomen.

Zu Anfang beobachtete ich die Kleine, ohne sie zu stören, und begann zu zählen, wie oft sie die Übung wiederholte, aber dann, als ich sah, daß sie sehr lange damit fortfuhr, nahm ich das Stühlchen, auf dem sie saß, und stellte Stühlchen und Mädchen auf den Tisch; die Kleine sammelte schnell ihr Steckspiel auf, stellte den Holzblock auf die Armlehnen des kleinen Sessels, legte sich die Zylinder in den Schoß und fuhr mit ihrer Arbeit fort. Da forderte ich alle Kinder auf zu singen; sie sangen, aber das Mädchen fuhr unbeirrt fort, seine Übung zu wiederholen, auch nachdem das kurze Lied beendet war. Ich hatte 44 Übungen gezählt; und als es endlich aufhörte, tat es dies unabhängig von den Anreizen der Umgebung, die es hätten stören können; und das Mädchen schaute zufrieden um sich, als erwachte es aus einem erholsamen Schlaf.«[3]

Diese zentrale Entdeckung bestimmt das Gesamtwerk der Montessori. Die geistige Kraft der Kinder kann aktiviert werden ohne die direkte Assistenz und Hilfestellung eines Lehrers. Ein Arbeitsmaterial-Angebot vermag die ganze Aufmerksamkeit des Kindes einzunehmen. Von dieser grundlegenden Erkenntnis aus stellt sich Montessori weitere Fragen, die die Erweiterung ihres Ansatzes für nichtbehinderte, so genannte »normale« Kinder betreffen. Wie ist die Psyche des Kindes beschaffen, wie muss die äußere Umgebung gestaltet sein, wie ist das Verhältnis zwischen Lehrer und Schüler zu sehen, wenn das Spielmaterial einen derartig zentralen Platz im Unterricht einnimmt? Ist der Lehrer ganz überflüssig oder durch einen Helfer ersetzbar?

Die Arbeitsmittel

1907 ist das Jahr der großen Klarheit. Montessori hat endgültig den Einstieg in die pädagogische Laufbahn gefunden. Das Kinderhaus wird ein großer Erfolg, der seine Auswirkung auf das ganze soziale Leben des Stadtteils San Lorenzo zeitigt.

Einige Jahre später erläutert sie die Schwerpunkte ihrer Methode, die an der Entwicklung des Kindes orientiert sind: die Erziehung der Muskeln, die Erziehung der Sinne und der Sprache. Die Schulung der Muskeln erfolgt über die Umgebung, durch Gehen, Stehen, Sitzen, körperliche Arbeit (zum Beispiel im Garten), aber auch durch systematische Übungen beim Turnen oder durch An- und Ausziehen, durch Schnür- und Knüpfarbeiten. Für die Erziehung der Sinne entsteht im Laufe der Jahre eine Fülle von Arbeitsmaterialien, die Montessori in ihrem Handbuch von 1922 auflistet:

»Lehrmittel zur Erziehung der Sinne:
a. Drei Gruppen massiver Einsätze (Zylinderblöcke)
b. Drei Gruppen von Körpern in abgestuften Größen, nämlich rosa Würfel, braune Prismen und Stäbe (grün gefärbt/abwechselnd rot und blau gefärbt)

c. Verschiedene geometrische Körper (Prisma, Pyramide, Kugel, Zylinder, Kegel usw.)
d. Rechtwinklige Tafeln mit rauher und glatter Oberfläche
e. Eine Sammlung verschiedener Stoffe
f. Holztäfelchen von verschiedenem Gewicht
g. Zwei Schachteln mit je 64 farbigen Täfelchen
h. Eine Kommode mit Schubfächern voll flacher Einsatzkörper
i. Drei Reihen von Karten, auf die geometrische Formen aus Papier geklebt sind
k. Eine Sammlung geschlossener zylindrischer Schachteln (Töne)
l. Eine Doppelreihe tönender Glocken; hölzerne Bretter mit aufgemalten Notenlinien; kleine Holzscheiben für die Noten.

LEHRMITTEL ZUR VORBEREITUNG FÜR SCHREIBEN UND RECHNEN:

m. Zwei schräge Platten und verschiedene eiserne Einsätze
n. Karten mit aufgeklebten Buchstaben aus Sandpapier
o. Zwei Alphabete aus bunter Pappe und von verschiedener Größe
p. Eine Reihe von Karten mit aufgeklebten Ziffern aus Sandpapier
q. Eine Reihe großer Karten mit denselben Ziffern in glattem Papier zum Zählen über zehn
r. Zwei Kästen mit Rechenstäbchen
s. Die Mappe mit Zeichnungen, wie sie der Methode besonders eigen sind, und Farbstifte.«[4]

Montessoris Methode fußt auf der systematischen Aufgliederung der verschiedenen Lernvorgänge. Da ist beispielsweise das *Erlernen des Schreibens*. Nach Montessoris Analyse ist Schreiben eine komplexe Handlung, die sich in zwei Hauptgebiete, in die motorischen Mechanismen und in die Tätigkeit des Verstandes, aufteilen lässt.

Was die Motorik angeht, die sich auf die Handhabung des Schreibgerätes, auf das Halten des Bleistiftes oder der Feder bezieht, dieser persönliche Schwung einer Hand, der ein ganzes Leben lang für die Ausprägung einer individuellen Schrift entscheidend ist, diese motorischen Gegebenheiten werden nach Montessori bereits im kindlichen Alter festgelegt. Die Erziehung hat die Aufgabe, den richtigen Augenblick, in dem die Schreibmechanismen zur Fixierung reif sind, herauszufinden. Schon bei sechs- bis siebenjährigen Kindern kann der rechte Augenblick verstrichen sein. Lernen wird dann oft zu einem Akt der Qual.

In Montessoris Methode gibt es eine ganze Reihe von Übungen, die das Kind für das Schreiben vorbereiten. Schon im Alter von drei Jahren, wenn die Kleinen die Zylinder der Einsatzblöcke umstellen, lernen sie unbewusst, die das spätere Schreibgerät haltenden Finger zu schulen. Denn der Greifknopf, mit dem sie die Zylinder bewegen, entspricht der Größe und Form eines Federhalters.

Ein weiterer Schritt ist die Schulung einer »leichten Hand«. Dem dreijährigen Kind werden die Augen verbunden. Es erhält die Aufgabe, die Hände sanft über einem Becken mit lauwarmem Wasser zu halten. Die Handflächen sollen gerade die Oberfläche des Wassers berühren, ohne einzutauchen.

Zu der Schulung der leichten Hand kommt das Trainieren der »festen Hand«. Hier geht es um die Möglichkeit, die Hand so zu bewegen und zu lenken, dass ein bestimmtes Produkt, zum Beispiel eine Zeichnung, entsteht.

Dies sind jedoch nur die indirekten Maßnahmen. Die direkte Vorbereitung auf das Schreiben wird abermals untergliedert. Montessori beginnt mit der systematischen Übung zur Handhabung des Schreibgerätes. Von Buchstaben und Wörtern ist in dieser Phase noch nicht die Rede. Die Kinder beginnen mit Zeichnungen. Sie malen Umrissfiguren mit Buntstiften an, oder sie zeichnen die Umrisse geometrischer Figuren nach den Einsatzzylindern.

Für den Übergang zum Schreiben der Schriftzeichen erhalten die Kinder Papptafeln mit glatter Oberfläche, auf denen die Buchstaben in Sandpapier geklebt sind. Das Kind erhält die Aufgabe, diese Buchstaben in der Richtung des Schreibens zu berühren. Montessori machte die Erfahrung, dass die Kinder durch Betrachten, durch Berühren und durch die Bewegung von Hand und Arm die Buchstaben im Gedächtnis behalten und dann ohne Vorlage wiedergeben können. Auf dieser Grundlage erfolgt eine Fülle von abwechslungsreich gestalteten Übungen, die dem Kind die Freude am Lernen erhält.

Montessori zieht auch eine klare Trennungslinie zwischen dem Erwerb der Schreibfähigkeit und dem der Lesefähigkeit. Nach ihrer Erkenntnis finden diese beiden Prozesse nicht gleichzeitig statt, sondern das Schreiben geht dem Lesen voraus. Lesen wird erst dann möglich, wenn das Kind aus geschriebenen Worten eine Gedankenübertragung empfängt. Beim Schreiben überwiegen die psychisch-motorischen Mechanismen, während beim Lesen die verstandesmäßige Arbeit vorherrscht.

Die Montessori-Pädagogik schafft die Fibel ab. Dem Kind werden einfache Zettel vorgelegt. Auf jedem Blatt steht in 1 cm hoher Kursivschrift ein Wort, das die Kinder kennen, das sie schon oft benutzt haben und das ihnen einen konkreten Inhalt vermittelt. Das Lesen beginnt mit dem Zusammensetzen der Laute. Das geschriebene Wort wird in Laute übertragen. Dieser Prozess wird des Öfteren wiederholt und das Tempo des Lesens gesteigert. Nach Abschluss der Leseübung wird der Zettel mit dem Namen auf den jeweiligen Gegenstand (zumeist handelt es sich um Spielzeug) gelegt, so dass das Kind die Möglichkeit hat, in einer Ruhephase noch einmal selbsttätig das Erlernte zu rekapitulieren.

Diese Übung hat Montessori mit einem Spiel verbunden, das die Kinder begeisterte. Die Zettel mit den Namen werden zusammengerollt und wie ein Los ausgegeben. Das Kind rollt ein Los auf, zeigt den Gegenstand und liest laut die Karte vor. Die Pädagogin überwacht, ob die Aufgabe richtig gelöst wurde, und der Zettel wird zu einem Bon, mit dem man das Spielzeug erwerben kann. Solche und andere Spiele wurden immer wieder neu durchdacht, aufgegeben oder mannigfach variiert.

Ähnlich abgestuft sind auch die anderen Lernprozesse. Beim *Erwerb der Sprache* unterscheidet Montessori bei ihren SchülerInnen Defizite (die organisch bedingt sind, denen also pathologische Missbildungen oder Anormalitäten des Nervensystems zugrunde liegen) von jenen funktionellen Defekten, die durch soziale Umstände verursacht sind. Diese letzteren Fehler und Mängel entstehen, wenn das Kind eine schlechte Aussprache hört. Solche Defizite trägt der Mensch oft von seiner Kindheit in das Erwachsenenalter, so dass die Sprachmängel nicht selten als naturgegebene Erscheinung gedeutet werden. Montessori sah bei ihrer Arbeit im Kinderhaus, dass die Kleinen oft nur die schlechte Aussprache ihrer Eltern bzw. der engsten Bezugspersonen wiedergeben, und gliederte ihre Übungen in phonetisches Training und in Übungen zum Spracherwerb. In diesen Bereich gehören Schweigeübungen, bei denen sie sich erhoffte, dass die Nervenwege der Sprache neue Reize besser aufnehmen würden. Dazu kamen Lektionen, in denen systematisch durch artikuliertes Vor- und Nachsprechen die Aussprache geschult und zugleich die Begriffserfassung trainiert wurde. Verbunden wurde diese Übung auch mit dem Schreibunterricht. Wichtig waren Montessori in diesem Zusammenhang gymnastische Übungen, die sowohl die richtige Atemführung als auch den geschmeidigen Gebrauch von Lippen und Zunge für die richtige Artikulation im Sinn hatten.

Was das Zählen und die *Einführung ins Rechnen* anging, so sah Maria Montessori, dass bereits dreijährige Kinder in der Lage sind, einen Zahlbegriff zu entwickeln. (»An deiner Schürze fehlen zwei Knöpfe.« »Wir brauchen noch drei Teller auf dem Tisch.«) Für den Einstieg in die gezielte Entwicklung des Zahlbegriffs sah Montessori das Geldzählen als die geeignetste Methode an. Das Wechseln der gewöhnlichen Gebrauchsmünzen ist ihr ein lebensnaher Einstieg, bei dem man sich nicht um das Interesse der Kinder sorgen muss. Sie sind bei diesem Unterricht mit großem Eifer dabei. An diese Übungen schließt sich die Arbeit mit Zahlenstäben an, die für das Kinderhaus entwickelt wurden. Der kürzeste ist 1 Dezimeter lang, der längste 1 Meter. Die Stäbe von 20 bis 100 cm sind in Dezimeter eingeteilt, die abwechselnd blau oder rot markiert sind. Das Kind erhält die Aufgabe, die verschiedenen Längen zu ordnen und mit Zahlen zu benennen. Auch diese Übung kann reich variiert werden. Das Schreiben der Zahlen erfolgt wie bei dem Lese- und Schreibkursus. Die Zahlen werden aus Sandpapier ausgeschnitten, auf glatte Pappen geklebt, und das Üben kann beginnen. Die Stäbe werden gemischt, ausgetauscht, benannt, in Kästen gelegt, die unterschiedlich groß und jeweils nur für bestimmte Stäbe passen. Auf diese Weise entwickeln die Kinder spielerisch ihren Zahlenbegriff und ihr Vorstellungsvermögen.

Für die *musikalische Erziehung* sah Montessori die Schulung der rhythmischen Fähigkeiten als wichtige Grundlage an. Damit war die motorische Schulung gemeint, die aus gymnastischen Übungen bestand. Die Kinder sollten beim Gehen auf einer Linie – zu einem rhythmischen Takt – sicheres Gleichgewicht halten und gleichzeitig lernen, Fuß- und Handbewegungen miteinander zu koordinieren. Waren sie hierzu in der Lage, konnten die Übungen variiert werden durch das Halten einer brennenden Kerze, eines Glases mit Wasser, einer Fahne oder mit einem Korb auf dem Kopf. Oder die SchülerInnen gingen nicht mehr einzeln, sondern zu zweit oder zu mehreren, und mussten nunmehr auf die Koordination ihrer Bewegungen achten. Dabei wurden die Rhythmen differenzierter; es konnte auch eine sanfte Musik als Untermalung gespielt werden. Erst später erfolgte dann die Schulung in musikalischer Wiedergabe oder das Lesen bzw. Schreiben der Musik.

Das Prinzip der jeweils abgestuften Einführung in unterschiedliche Fächer und Lerngebiete ließe sich noch an weiteren Unterrichtsgegenständen veranschaulichen. Ich verzichte an dieser Stelle darauf, um den größeren Rahmen der Pädagogik aufzuzeigen, in den Maria Montessori ihre didaktisch-methodischen Überlegungen gestellt hat.

Die Pädagogik vom Kinde aus

Maria Montessori hat nicht nur für jene Bereiche eine methodische Neureflexion gefordert, die wir den überlieferten Schulfächern zuordnen können. Zu ihrer didaktischen Neuorientierung gehören auch Gebiete, die in der herkömmlichen Schule keinen Stellenwert hatten. Hierzu zählt die *Erziehung der Sinne*. Damit meinte Montessori zunächst die Bildung einer allgemeinen Empfindungsfähigkeit, sodann den Tastsinn, den Wärmesinn sowie die Sensibilisierung des Kindes für die Schwere und die Körperlichkeit. Weiterhin die Erziehung des Geschmacks- und des Geruchssinns, des Farb- und des Gehörsinns. Für alle diese Bereiche entwickelte Montessori Medien, Aufgaben und Spielvorschläge. Spätestens an dieser Stelle stellt sich die Frage, ob die Methode Montessoris noch einen Bezug zu der zeitgenössischen traditionellen Schule hatte oder ob ihr nicht ein Erziehungskonzept zugrunde lag, das über die Revision der Methodik weit hinausging. In der Tat fordert der neue Ansatz ein totales Umdenken über die Gesamterziehung und über das Wesen des Kindes.

Die überlieferte Pädagogik und ihre Schule erscheinen Montessori wenig geeignet, der Anlage und den Bedürfnissen des Kindes gerecht zu werden. Schon die Konstruktion der Schulbänke scheint ihr geradezu symptomatisch für die sklavische Einengung des Kindes. Hier sieht Montessori nicht nur die körperliche Einzwängung in das Schulmöbel, sondern zugleich eine geistige Disziplinierung mit Denk- und Fühlverboten, die das Kind zum Untertan machen.

Eine andere Methode, die dasselbe Ziel verfolgt, ist das Prinzip der *Belohnungen und Strafen*. Montessori sieht in ihnen Elemente, die weniger der Pädagogik als der Dressur zugeordnet werden müssen. Sie hindern nicht nur das Kind in seiner Entwicklung, sondern sie werfen den Menschen allgemein und die gesellschaftlichen Errungenschaften um viele Stufen zurück.[5]

Montessoris Forderungen hatten nichts mit antiautoritärer Erziehung zu tun. In ihrem Heim und später in jenen Institutionen, die ihren Namen trugen, herrschten die bürgerlichen Tugenden vor. Ordnung war ihr wichtig, Gehorsam und Sauberkeit. Schon die Eltern der Kinder in San Lorenzo wurden angehalten, ihre Kinder pünktlich mit sauberem Körper und sauberer Kleidung »abzuliefern«. Der Lehrerin und dem übrigen Personal sollte größte Achtung entgegengebracht werden. Sie sollten die Arbeit des Kinderhauses unterstützen und mindestens einmal in der Woche Kontakt zu den Erziehern aufnehmen. Wurden diese Vorschriften nicht beachtet, drohte der Ausschluss des Kindes aus dem Kinderhaus.

Dennoch: Diese Forderungen haben weder mit dem Geist noch mit dem Ort der alten Erziehung zu tun. Die Arbeitshaltung, die Montessori den Eltern und den Kindern abverlangt, ist ganz in dem Konzept einer freien Entwicklung des Kindes zu sehen. Das ist nur auf den ersten Blick ein Widerspruch. Und was den Ort einer *Casa dei Bambini* angeht, so kann man den himmelweiten Unterschied zu den alten Lehr- und Lernkasernen schon beim Betreten des Gebäudes feststellen. Die Einrichtung des Hauses, Garderoben, Toiletten, Türklinken, Tafel, Tische und Stühle sind der kindlichen Körpergröße angepasst. Die Räume, Treppen, Flure und Gänge, die ganze Architektur entspricht dem Prinzip der Überschaubarkeit. Im Klassenzimmer arbeiten Kinder gemeinsam an Tischen, sie sitzen in Gruppen auf einem Teppich, haben eine Besprechung im Gruppenraum oder sind mit einem Arbeitsmittel oder Buch beschäftigt. Keine Bankreihen verpflichten die Schüler, ihre Aufmerksamkeit ausschließlich auf den Lehrer zu richten, kein Katheder verhilft dem Lehrer zu einer herausgehobenen Position. Hier ist Selbsttätigkeit angesagt; statt des Lehrermonologs herrscht das dialogische Prinzip zwischen den SchülerInnen und dem Lehrer bzw. der Lehrerin vor. Gewiss war manches, was hier beschrieben wird, im Jahre 1907 in San Lorenzo noch nicht voll entwickelt. Dennoch: Die Grundlinien standen fest. Der Sammelunterricht hatte auch damals schon eine nur noch sehr untergeordnete Bedeutung. Er wurde vom Einzelunterricht verdrängt. Der machte den Lehrer aber keineswegs überflüssig. Seine Aufgabe war nicht allein mit der Beobachtung des Kindes und des Geschehens erfüllt. Der Einzelunterricht hatte konzentriert und gezielt zu erfolgen. Er sollte bündig, einfach und sachlich sein. Die Lehrerin versteht sich als Vermittlerin, als Verbindung zwischen dem Kind und dem Lernmaterial. An die Stelle der autoritären LehrerInnen-Rolle, die das Unterrichtsgeschehen beherrscht, ist eine völlig neue Beziehung getreten. Die Rechte des Kindes auf Mitbestimmung, auf freie Entfaltung haben die Unterdrückungspädagogik, die die autoritäre Gesellschaft für nötig hielt, verdrängt. Dieser Neukonzeption der Erziehung mit ihren institutionellen, methodischen und didaktischen Eigenheiten liegt eine völlig veränderte Anthropologie der Kindheit zugrunde.

In der Montessori-Pädagogik ist das Kind nicht jenes unfertige Wesen, das so schnell wie möglich erwachsen werden, sich in die Gesellschaft einordnen soll und zum willigen Untertanen gemacht werden muss. Eine rigide Erziehung, in der der Erwachsene unerbittlich bestimmt und ständig auf die Norm verweist, verliert in der anthropologischen Sichtweise Montessoris ihren Sinn. Die Montessori-Pädagogik hat die Aufgabe, Hilfestellungen zu leisten und Hindernisse zu beseitigen, damit das Kind sich normal entwickeln kann. Erziehung kann Hilfsdienste leisten, kann anleiten und fördern, aber nicht das Wesen des Kindes umwandeln. Zu den anthropologischen Grundthesen Maria Montessoris gehört die Überzeugung, dass das menschliche Individuum bereits im ganz frühen Stadium, quasi schon im mikroskopisch-kleinen Zustand der Zelle, in seiner Personalität bestimmt ist. Die Umwelt mit all ihren Erscheinungen sind in ihrer Sicht nachgeordnete Faktoren. Die Wurzeln der Entwicklung liegen ebenso bereits in der Anlage des Kindes wie seine Lebensenergie und seine Bestimmung. Die Entwicklung folgt einem festgelegten Plan, einem gesetzmäßigen Ablauf. Prinzipiell ist bereits alles im Keim angelegt. Die Entwicklung folgt dem Bauplan der Natur.

In der Anthropologie Montessoris wimmelt es nur so von Metaphern, die auf biologische, genetische und wesenhafte Bestimmungen verweisen. Sie durchziehen das gesamte Werk und sind letztlich die Begründung für die Pädagogik, die auf die Selbsttätigkeit, besser: auf die Ermöglichung der Selbsttätigkeit, ausgerichtet ist. Der Ausgangsfehler der überlieferten Erziehung ist ihr Unvermögen, den Bauplan zu erkennen, der in dem Kind angelegt ist.[6]

Die internationale Bewegung

Die *Casa dei Bambini* erregte von Anfang an Aufsehen. Schon bald nach der Eröffnung im Januar des Jahres 1907, als sich die ersten überaus positiven Effekte des Montessori-Programms zeigten, kamen die Hospitanten, zunächst aus dem engeren Kreis der Pädagogen und Regionalpolitiker. Was sie zur Kenntnis nehmen mussten, war verblüffend. Verwahrloste Kinder erwiesen sich als bildungsfähig, bereits Vierjährige lernten mühelos lesen, Gefährdete und Randständige überraschten durch soziales Verhalten. Sehr schnell erweitert sich der Kreis der Bewunderer. Sozial- und Bildungspolitiker, die ähnliche Probleme in ihren Bezirken haben wie die in San Lorenzo, eilen herbei und erkennen die Chance für die Behebung schulischer und sozialer Missstände. Maria Montessori sammelt eine Gruppe von jungen, pädagogisch ambitionierten Frauen um sich, die sie in die Methode einweiht und die sie zu Mitarbeiterinnen macht. Ein Jahr später wird das erste Kinderhaus außerhalb Roms gegründet, die *Casa dei Bambini* in Mailand; ein zweites folgt. In Rom gibt es 1908 – mit dem in San Lorenzo – bereits vier Kinderhäuser. Das Interesse wächst ständig. Maria Montessori sieht sich schnell gezwungen, in größerem Stile Ausbildungsseminare durchzuführen. Im Sommer 1909 bietet sie in Mailand einen Kursus an, der von rund einhundert Personen besucht wird. Die Mission fällt ihr leicht. Sie hat sich in jahrelangen Studien die theoretischen Grundlagen erarbeitet, sie hat die Materialien entworfen, erprobt, verbessert und wieder erprobt. Sie hat keine Formulierungsschwierigkeiten. Sie versteht es, ihre Zuhörerinnen zu begeistern; die Kommunikation ist hervorragend. Getragen von ihren positiven Erfahrungen, schreibt sie innerhalb eines Monats ihr grundlegendes Buch *Il Metodo della Pedagogia Scientifica applicato all'educazione infantile nelle Case dei Bambini (Die Methode der wissenschaftlichen Pädagogik, angewandt auf die Kindererziehung in den Kinderhäusern)*. Kein Werk mit einer stringenten Systematik, die Gedankenführung ist oft sprunghaft, die Sprache blumig und nicht selten mystisch. Manche LeserInnen haben bei der Lektüre ihre Schwierigkeiten. Gleichwohl lässt sich der Erfolgslauf der Montessori-Pädagogik nicht aufhalten. Das Buch wird im Laufe der nächsten Jahre in viele Sprachen übersetzt. Zunächst erscheint die englische Ausgabe. Es folgen französische, spanische, deutsche, russische, polnische, rumänische, dänische, holländische, japanische und chinesische Fassungen. Insgesamt wird das Werk in mehr als zwanzig Sprachen übersetzt. Und was die Erziehungspraxis angeht: Aus allen Teilen der Welt kommen Lehrer und Pädagogik-Professoren, Diplomaten, Politiker und Regierungsbeamte, Psychologen, Soziologen und Geistliche, Fürsorgerinnen, Ärzte und Philantropen. Sie scheuen nicht die lange Anreise. Oft müssen sie tagelang warten, um einen Hospitationstermin zu erhalten und die Gelegenheit zu einem Gespräch mit Maria Montessori. Das Konzept überzeugt sie. Sie kehren zurück in ihre Heimatländer, gründen Schulen und Gesellschaften, die sich die Verbreitung der Montessori-Pädagogik zum Programm machen. Schon 1911 wird die Methode in italienischen und schweizerischen Volksschulen eingeführt. Schulgründungen und Montessori-Gesellschaften gibt es bald in allen Ländern Westeuropas, in den USA, in China, Japan, Indien, Kanada, Mexiko, Syrien, Australien, Neuseeland und Südamerika. Daheim stapelt sich die Post von Interessenten, die das Konzept näher kennen lernen wollen, die Anfragen zur Methode und zur Realisierung von Kinderhäusern stellen. Maria Montessori ist jetzt vierzig Jahre alt. Unermüdlich arbeitet sie theoretisch und praktisch für das Kinderhaus, informiert die Hospitanten, lehrt an der Universität, unterhält noch eine eigene Arztpraxis und führt obendrein eine umfangreiche Korrespondenz mit Pädagogen und Bildungspolitikern aus allen Teilen der Welt. Im Jahre 1911 sieht sie, dass es nötig ist, diese Kräfte zu bündeln und einen neuen Schwerpunkt zu setzen. Sie fasst einen Entschluss, der ihre zweite Lebenshälfte entscheidend prägen soll. Sie gibt ihre ärztliche Praxis auf, zieht sich aus der aktiven Leitung des Kinderhauses zurück und widmet ihre Arbeit der Ausbildung von Lehrerinnen, die nach ihrer Methode arbeiten wollen. Sie berät Schulgründer und widmet ihre ganze Kraft den Montessori-Gesellschaften. Die Montessori-Bewegung bekommt die Züge eines Geschäftsunternehmens. Die Beratung und Beaufsichtigung der Gesellschaften und Schulen hat auch zu tun mit Lizenz- und Konzessionserteilungen. Montessori hält das Copyright für ihre Produkte.

Vortragsreisen führen sie in alle Teile der Welt. Der Erfolg der Methode und die öffentlichen Ehrungen und Anerkennungen sind beeindruckend. Besonders hoch sind die Erwartungen in Amerika. Schon bald nach der Eröffnung der *Casa dei Bambini* waren die ersten pädagogischen Globetrotter in San Lorenzo erschienen und hatten die Botschaft über den großen Teich getragen. Schnell gründeten sich Montessori-Schulen und -Gesellschaften in New York, Boston und anderen Orten der USA. Als Montessori 1913 ihre erste Reise nach Amerika antritt, wird ihr ein triumphaler Empfang bereitet. Der Erfolg ihrer öffentlichen Vorträge ist überwältigend. Dieses Jahr wird als der Höhepunkt ihrer Laufbahn in Erinnerung bleiben. Ein Jahr darauf erscheint *Dr. Montessoris own Handbook*.

Nach siebenjähriger erfolgreicher Arbeit der Kinderhäuser und fünf Jahre nach dem ersten Erscheinen von *Il metodo* erscheint die erste umfassende kritische Stellungnahme eines bedeutenden Pädagogen. Es ist William Heard Kilpatrick, Professor am Columbia University Teachers College, der renommierten Ausbildungsstätte für Pädagogen in Amerika. Kilpatrick, ein Schüler des einflussreichsten amerikanischen Sozialphilosophen und Pädagogen im zwanzigsten Jahrhundert, John Dewey, brachte eine Schrift heraus, die sich ausführlich mit den theoretischen Grundlagen der Montessori-Pädagogik auseinander setzte. Kilpatricks Kritik war vernichtend. Die theoretischen Grundlagen seien veraltet und tief im neunzehnten Jahrhundert verankert, die Methoden außerordentlich mechanisch und einschränkend, da sie kaum Variationen zuließen. Handeln und Phantasie des Kindes würden behindert statt entfaltet. Die gesamte Pädagogik der Montessori sei zu sehr an der individuellen Entwicklung orientiert. Aufgabe der Schule – und namentlich der Früherziehung – sei es, die Kinder auf das Leben in der modernen Demokratie vorzubereiten. Und auf dieses Problem habe bereits die pragmatistische Philosophie und die Pädagogik John Deweys eine überzeugende Antwort gegeben.

Kilpatrick bleibt mit seiner Kritik nicht allein. In Amerika erscheinen in den folgenden Jahren mehr als siebzig Bücher, die sich mit Montessoris Pädagogik auseinander setzen. Kritik regt sich aber auch in all jenen Ländern, in denen die neue Pädagogik seit 1907 euphorisch aufgenommen wurde. Der Streit nahm zum Teil recht unsachliche Formen an. Er war bisweilen überlagert von nationalen, weltanschaulichen, parteipolitischen, religiösen und persönlichen Ressentiments. Die Tatsache, dass Montessori Italienerin war, machte einigen nationaldeutschen Kritikern zu schaffen, katholische Befürworter riefen protestantische Gegner auf den Plan, die Empfehlung Lenins und anderer Sozialisten weckte die Opposition vieler aus dem bürgerlichen Lager. Der Umstand, dass Maria Montessori von ihrem »unehelichen« Sohn auf der Amerika-Reise begleitet wurde, bereitete manchem Puritaner Probleme. Diese sachfremden Aspekte der Montessori-Gegnerschaft sollen jedoch nicht vertieft werden.

Die wissenschaftliche Auseinandersetzung befasste sich zunächst mit der Frage der Originalität. Fachkollegen versuchten nachzuweisen, dass die erzieherischen Prinzipien und auch die Spielgaben keine eigene Leistung der Montessori darstellten, sondern bereits früher als Testmaterialien für Hilfsschüler vorgelegen hätten. Andere Kritiker zogen daraus den Zweifel einer Übertragbarkeit solchen Materials auf normale Kinder. Die so oft beschworene Freiheit des Kindes sei nur verbal vorhanden, meinen skeptische Kollegen, in Wirklichkeit verführe das Material zur Einengung und Eingleisigkeit. Die Zielsetzung sei viel zu starr, viel zu eng und einseitig. Irritiert ist so mancher Kritiker über die neue Rolle des Lehrers bzw. der Lehrerin. Die große Zurückhaltung, die Montessori den Lehrern auferlegt, lässt sich – namentlich für viele Praktiker – nicht mit ihrem Anspruch auf Führung vereinen.

Egal, wie berechtigt oder unberechtigt die Kritik im Einzelnen oder im Ganzen gewesen sein mag, sie hatte ihre Auswirkungen. Namentlich in Amerika war der

Rückgang der Begeisterung recht deutlich. Die Montessori-Bewegung erlahmte. Auch eine dritte USA-Reise im Jahre 1917 vermochte den Abwärtstrend des Interesses nicht aufzuhalten.

Montessori wurde dadurch nicht entmutigt. Weder die sachliche Kritik noch Polemik, noch die Zurückhaltung, mit der sie 1917 in Amerika aufgenommen wurde, haben sie in ihren Aktivitäten gebremst. Im Jahre 1916, nach dem Tod ihres Vaters (die Mutter war bereits 1912 gestorben), siedelt sie nach Barcelona über. Zwanzig Jahre lang unternimmt sie von hier aus ihre Reisen durch Europa, nach Südamerika und immer wieder auch nach Italien.

Nach einer Begegnung mit Mussolini findet die Methode ab 1924 Verbreitung in den italienischen Schulen, die italienische Montessori-Gesellschaft wird in den folgenden Jahren verstärkt unterstützt. Das ist freilich kein Zeichen für eine Nähe zum Faschismus. Auch Lenin hatte sich in der Schweiz dafür ausgesprochen, dass die Kinder seiner Landsleute am besten nach der Montessori-Methode unterrichtet würden. Im Jahre 1934 kommt es zum Konflikt mit der italienischen Regierung. Die Montessori-Schulen werden geschlossen. Bereits ein Jahr zuvor hatten die Nationalsozialisten die deutsche Montessori-Bewegung zerschlagen. 1936, nach Ausbruch des spanischen Bürgerkriegs, verlegt Maria Montessori ihren Wohnsitz nach Amsterdam. Die Missionsreisen reißen nicht ab. Internationale Montessori-Kongresse führen sie u. a. nach Oxford, Kopenhagen und Edinburgh. Ihre Erfahrungen fasst sie in weiteren Büchern zusammen.

Im Jahre 1939 verlässt Maria Montessori Europa.

Bis 1946 lebt sie in Adyar (Indien). Anders als die meisten Emigranten, die vor den Nationalsozialisten geflohen sind, kommt Maria Montessori in ein Land, in dem sie bereits eine stattliche Gemeinde von Anhängern erwartet. Die Montessori-Bewegung erlebt in den verschiedenen Landesteilen einen großen Aufschwung. Im Jahre 1945 findet in Jaipur eine gesamtindische Montessori-Konferenz statt. Unter dem Eindruck des Weltkrieges widmet sich Montessori nicht nur Fragen zum Wesen der kindlichen Entwicklung, sondern sie fühlt sich auch zunehmend Friedensfragen verpflichtet.

Im Jahre 1946 kehrt sie nach Europa zurück. Noch einmal nimmt sie einen letzten Zyklus von Weltreisen auf sich. Noch einmal legt sie eine Monographie vor (*The Absorbent Mind*). Auch in ihren letzten Jahren fehlt es nicht an Ehrungen und Auszeichnungen, die ihr zuteil werden. Im Jahre 1947 feiert sie das vierzigjährige Jubiläum der *Casa dei Bambini* in Rom. Den achtzigsten Geburtstag begeht sie, hoch geehrt, auf einer internationalen Konferenz in Amsterdam.

Am 6. Mai 1952 stirbt sie in Nordwijk aan Zee in den Niederlanden. Auf ihrem Grabstein steht die Inschrift:

IO PREGO I CARI BAMBINI, CHE POSSONO TUTTO DI UNIRSI A ME PER LA CONSTRUZIONE DELLA PACE NEGLI UOMINI E NEL MONDO (Ich bitte die lieben Kinder, die alles können, mit mir zusammen für den Aufbau des Friedens zwischen den Menschen und in der Welt zu arbeiten).

Anmerkungen:

1. Kramer, Rita: Maria Montessori. Biographie. Mit einem Vorwort von Anna Freud. Frankfurt/M. 1983, S. 60.
2. Siehe hierzu Koch, Friedrich: Das Wilde Kind. Die Geschichte einer gescheiterten Dressur. Hamburg 1997.
3. Montessori, Maria: Schule des Kindes. Schriften des Willmann-Instituts. München und Wien o. J., S. 69f.
4. Montessori, Maria: Mein Handbuch. Grundsätze und Anwendung meiner neuen Methode der Selbsterziehung der Kinder. Stuttgart 1922, S. 15ff.
5. Vgl. Montessori, Maria: Selbsttätige Erziehung im frühen Kindesalter. 14. Tsd., Stuttgart 1928, S. 20f.
6. Vgl. Montessori, Maria: Kinder sind anders. Stuttgart 1952, S. 31f.

Pädagogik der Achtung:
Janusz Korczak

> »Ein gutes Kind.
> Man sollte sich davor hüten, gut mit
> bequem zu verwechseln. Es weint kaum,
> weckt uns in der Nacht nicht auf,
> ist zutraulich, heiter – also gutartig.«
> Janusz Korczak

Ein vergessener Pädagoge?

Wer in der Bundesrepublik Deutschland in den sechziger Jahren Erziehungswissenschaft studiert hat, dürfte im Laufe seiner Studien- und Examenszeit kaum dem Namen Janusz Korczak begegnet sein. Jedenfalls nicht in den Lehrbüchern. Korczaks Name stand in keinem Pädagogik-Buch, fehlte in pädagogischen Wörterbüchern und Lexika und war auch nicht im Register der verbreiteten Geschichtsschreibungen der Pädagogik zu finden. Erst in den letzten Jahrzehnten ist die Spur Korczaks deutlicher geworden. Es gibt Gesellschaften und Kongresse, die seinen Namen tragen, und es gibt Korczak-Schulen. Sein Bild erschien auf Briefmarken und Gedenkmünzen. Im Jahre 1972 wurde Korczak posthum der *Friedenspreis des Deutschen Buchhandels* verliehen.

Dennoch dürfte der Verdacht berechtigt sein, dass Korczak selbst unter pädagogischen Experten noch nicht den Bekanntheitsgrad hat, der diesem Erzieher zukommt. Erhärtet wird meine Vermutung durch gelegentliche Anfragen an die Teilnehmer meiner pädagogischen Seminare. Nur relativ wenigen war der Name ein Begriff, noch weniger wussten Näheres über ihn zu berichten, und nur vereinzelt hatte jemand eines von Korczaks Werken gelesen ...

Von der Medizin zur Pädagogik

Wer war Janusz Korczak? Geboren wird er als Henryk Goldszmit. Sein Geburtsjahr ist nicht genau bekannt. 1878 oder 1879 wurde er in Warschau geboren, am 22. Juli. Sein Vater war ein angesehener jüdischer Bürger, seine Mutter gleichfalls Jüdin und aus gutbürgerlichen Verhältnissen. Obwohl Korczaks Vater Rechtsanwalt war, hielt er es nicht für nötig, die Geburt seines Sohnes amtlich anzuzeigen; so konnte später nicht mehr genau eruiert werden, wann das freudige Ereignis im Hause Korczak stattgefunden hatte. Diese Nachlässigkeit brachte Janusz Korczak erst später Schwierigkeiten. Seine Kindheit verlief wohl behütet in geordneten familiären Verhältnissen. Daheim werden die jüdischen Bräuche gepflegt. Jedoch schon als Vorschulkind macht Korczak die ersten Erfahrungen mit antisemitischen Äußerungen, die um 1900 allerdings noch relativ selten und harmlos sind.

Die unbeschwerte Kindheit endet, als der Vater stirbt. Das Verhältnis, das Korczak und seine Schwester zu ihm hatten, war nicht ohne Ambivalenz. Es scheint, dass ein vertrauteres Verhältnis zur Mutter bestand. Von dem Vater ist nur sehr wenig bekannt.

Zuverlässig übermittelt ist, dass er an Depressionen gelitten hat, die einen wiederholten Aufenthalt in psychiatrischen Kliniken erforderlich machten. Während eines solchen Aufenthaltes stirbt er unter nicht näher bekannten Umständen.

Der Tod bringt eine einschneidende Zäsur für die Hinterbliebenen. Es stellt sich heraus, dass der Vater spielsüchtig war und sein gesamtes Vermögen durchgebracht hat. Der soziale Abstieg der Familie gleicht einem Erdrutsch. Das Haus muss aufgegeben, die Angestellten entlassen werden. Man geht auf Wohnungssuche und findet ein billiges Quartier. Not und Mangel bestimmen die nächsten Jahre. Zu diesem Zeitpunkt ist Henryk siebzehn Jahre alt. Noch nicht erwachsen, aber alt genug, um durch Gelegenheitsarbeiten und Nachhilfestunden die schwierigen Verhältnisse etwas zu verbessern. Natürlich ging er auch noch zur Schule, auf ein humanistisches Gymnasium, wo er nicht ohne Mühen – der Unterricht fand in russischer Sprache statt, da Warschau zum Zarenreich gehörte – seine Studien zu Ende brachte. Die erzieherischen Verhältnisse in der Schule waren selbstverständlich wenig dazu geschaffen, die häusliche Misere vergessen zu lassen. Auch Henryk hat unter dem Drill dieser Institution gelitten, die eher an eine Kadettenanstalt erinnerte als an den Auftrag einer humanistischen Schule. Korczak, der sich schon als Heranwachsender schriftstellerisch betätigte, hat später in einer Erzählung – *Wenn ich wieder klein bin* – die drakonischen Methoden dieser Anstalten beschrieben, wie er sie auch in seinen pädagogischen Schriften kritisiert hat. Leicht war das Leben des Adoleszenten nicht. Neben den schulischen und familiären Problemen quälten den Heranwachsenden Phantasien, dass er vom Vater her erblich belastet sein könnte und womöglich selber dereinst in der Psychiatrie enden werde.

Henryk hat naturwissenschaftliche und literarische Ambitionen. Er schreibt für Schülerzeitungen und arbeitet an einem Theaterstück, das er unter einem Pseudonym einreicht, aus dem dann der Name Janusz Korczak wird. 1898 verlässt Korczak die Schule und nimmt ein Studium auf. Trotz seiner literarischen und pädagogischen Interessen entscheidet er sich für die Medizin. Nebenher schreibt er aber weiter seine Abhandlungen und Essays, auch setzt er neben der medizinischen Arbeit einen Schwerpunkt auf die Sozialarbeit. Äußerer Anlass ist die wachsende Schar der verwahrlosten und verwaisten Kinder, die das Stadtbild Warschaus zunehmend bestimmt. Er engagiert sich im Wohltätigkeitsverein, arbeitet in einer Bibliothek und organisiert Schulunterricht für die Ärmsten der Armen. Aus dieser Arbeit entstehen nicht nur zahlreiche Zeitungsberichte, Geschichten, Satiren und Glossen, sondern auch der erste Roman *Die Kinder der Straße* (1901). Wenige Jahre später ist das Gegenstück *Das Kind des Salons* auf dem Markt. Beide Romane dokumentieren die Erfahrungen Korczaks. Zum einen seine Einblicke in das Leben der proletarischen Kinder, zum anderen seine Sozialisation im elterlichen Salon. Klar war die Zielrichtung: Der verlogenen und abgehobenen Welt des Bürgertums wurde die Absage erteilt, sein Herz schlug mit den Kindern der Armen. Deutlich bildet sich nun auch das erzieherische Interesse Korczaks heraus. Als er

1901 seine erste Reise ins Ausland unternimmt, hat er auch ein pädagogisches Motiv. Das Ziel der Reise, Zürich, ist für ihn auch ein Ort der Pädagogik. Hier wurde Pestalozzi geboren, mit dessen Schriften er sich schon zu Beginn seines Studiums auseinander gesetzt hatte.

Im Jahre 1904 beendet Korczak sein Medizinstudium mit der Promotion. Es ist die Zeit der wachsenden politischen Unruhen. Der Widerstand der polnischen Bevölkerung gegen die Russifizierung des Landes wächst, Gewalt wird mit Gewalt beantwortet, die Unruhen nehmen zu. Korczak übernimmt die Stelle eines Arztes in einer Kinderklinik. Lange sollte er dort nicht bleiben; schon kurze Zeit später muss er als Lazarettarzt in den russisch-japanischen Krieg ziehen. In den Jahren 1907/1908 praktiziert er im Kaiser- und Kaiserin-Friedrich-Kinderkrankenhaus in Berlin und in der Psychiatrischen und Nervenklinik der Charité. Ein Jahr später führen ihn Reisen nach London und Paris. Nach diesen in- und ausländischen Erfahrungen steht Korczaks Entschluss fest: Er möchte nicht primär als Arzt, sondern als Erzieher und Sozialpädagoge arbeiten. Praktische Erfahrungen im Umgang mit Kindern hatte er bereits in den Jahren 1903–1908 in den so genannten Sommerkolonien gemacht; hier hatte er es zum ersten Male mit Kindergruppen zu tun, hier erlernte er das »ABC der pädagogischen Praxis«. Im Jahre 1911 übernimmt Janusz Korczak ein soeben gegründetes Kinderheim, das *Dom Sierot* in der Krochmalnastraße 92 in Warschau. Mehr als dreißig Jahre, bis zur Auflösung des Waisenhauses durch die deutsche Besatzung, leitet Korczak dieses Heim, das in den letzten zwei Jahren ins Warschauer Getto verlegt wird.

Unterbrochen wird Korczaks Tätigkeit als Heimleiter lediglich durch weitere Einberufungen: Am ersten Weltkrieg nimmt er als Chefarzt eines Divisionslazaretts teil, am polnisch-sowjetischen Krieg (1918/19) als Arzt in einem Seuchenlazarett in Lódz. Zweimal wird er (1934 und 1936) nach Palästina reisen.[1]

Die Magna Charta Libertatis für Kinder

Das literarische Werk Janusz Korczaks, für das er 1937 mit dem *Goldenen Lorbeer* der Polnischen Akademie für Literatur ausgezeichnet wurde, lässt sich – wie schon erwähnt – in zahlreiche Kategorien gliedern. In die Romane *Die Kinder der Straße* (1901), *Kind des Salons* (1906), *König Hänschen I* (1922) und *König Hänschen auf der einsamen Insel* (1923); die Erzählungen, wie *Die Mojsches, Joscheks und andere Lausbuben* (1909), *Von den Joscheks, Jascheks und Franeks* (1910), *Der Ruhm* (1912), *Bobo* (1913), *Wenn ich wieder klein bin* (1925) und andere. Dazu zahlreiche Arbeiten aus der Praxis, Beobachtungen, Anekdoten, Rundfunkreden, Glossen, Satiren, Berichte und Stellungnahmen. Und überdies ein paar dramatische Versuche, von denen das Theaterstück *Der Senat der Verrückten* (1931) im Atenäum-Theater in Warschau seine Uraufführung erlebt hat. Als pädagogisches Hauptwerk gilt *Wie man ein Kind lieben soll*, das 1918 als Buch erschien.

Die belletristischen Werke handeln überwiegend von den Problemen des Heranwachsens und des Hineinwachsens in die Welt der Erwachsenen. Da ist das Kind Hänschen, das über Nacht Vollwaise wird und die Königswürde erhält. Es kann sich nicht gegen die Zumutung der Erwachsenen wehren, die Regierung zu übernehmen. Bald sieht es, dass es gar nicht der König ist, der Entscheidungen trifft, sondern dass er nur dem Namen nach die Verantwortung für die Entscheidungen anderer trägt. Er wehrt sich gegen die Verstrickungen und Intrigen. Zusammen mit seinem Freund Fritz gelingt es ihm, unerkannt an die Fronten eines Krieges zu gelangen, in den sein Land involviert ist. Jetzt, da er nicht mehr durch Aufseher und Hofschranzen vom Leben des Volkes abgeschirmt ist, lernt er die Probleme des einfachen Mannes kennen, erfährt er etwas über das Denken, über die Wünsche und Bedürfnisse der »kleinen Leute«. Nach dem Kriege versucht er die Gesellschaft zu verändern. Vor allen Dingen liegt ihm das Mitspracherecht der Kinder sehr am Herzen. König Hänschen gründet ein Kinderparlament, um den Bedürfnissen der Kinder besser gerecht zu werden. Zum Problem wird die Selbstbestimmung der Kinder, als sie beschließen, einen Rollentausch mit den Erwachsenen vorzunehmen. Das Land stürzt ins Chaos, König Hänschen gerät ins Fadenkreuz in- und ausländischer Mächte. Erneut wird sein Land in einen fürchterlichen Krieg verwickelt, den es verliert. König Hänschen kommt in Gefangenschaft, wird zum Tode verurteilt, begnadigt[2] und auf eine einsame Insel verbannt.[3]

König Hänschen dürfte das verbreitetste Kinderbuch Korczaks in der Bundesrepublik sein. Im Vergleich zu Polen sind die Kinder- und Jugendbücher Korczaks in der Bundesrepublik Deutschland relativ wenig verbreitet.[4] König Hänschen spiegelt vielfach die pädagogischen Grundprinzipien wider, die Korczak auch in seinen Büchern für Erwachsene beschrieben hat. Zieht man etwa sein pädagogisches Hauptwerk zur Lektüre von König Hänschen hinzu, so fällt sogleich die starke Betonung der kindlichen Rechte ins Auge. In *Wie man ein Kind lieben soll* fordert Korczak eine *Magna Charta Libertatis* für Kinder. Er geht von drei Grundrechten aus, die er Kindern ohne Einschränkung zugesteht:

1. Das Recht des Kindes auf seinen Tod
2. Das Recht des Kindes auf den heutigen Tag
3. Das Recht des Kindes, so zu sein, wie es ist.

Über diese Grundrechte lässt Korczak nicht mit sich reden. »Entweder wir verständigen uns jetzt, oder wir trennen uns für immer.«[5] Die einzelnen Rechte erläutert er ausführlich.

1. *Das Recht des Kindes auf seinen Tod.* – Eine Forderung, die sicherlich befremdet! Liest man jedoch weiter, so stellt man sehr schnell fest, dass Korczak an dieser Stelle eine provozierende Überpointierung vornimmt. Er wendet sich gegen eine Erziehung, die vor allem in den gehobenen bürgerlichen Kreisen seiner Zeit sehr verbreitet war, nämlich gegen die Überbehütung. Eine solche Haltung schränke den Lebensraum des Kindes ein, hindere es daran, seine Erfahrungen mit der Umwelt zu machen, so dass am Ende ein unselbständiger Mensch stehe, der stets auf Bevormundung angewiesen sei.[6]

2. *Das Recht des Kindes auf den heutigen Tag.* –
Auch mit diesem Grundrecht greift Korczak auf eine
Erfahrung des Alltags zurück, die bereits seit Jahrhunderten zum Erziehungsgeschäft gehört. Wie oft verweisen Eltern und Lehrer auf den Nutzen irgendwelcher
Anweisungen in ferner Zukunft, wenn sie die elementaren Bedürfnisse der Kinder in der Gegenwart beschneiden. Wie häufig hat man als Kind oder Schüler
die Vertröstung auf spätere Zeiten hören müssen, um
den Augenblick erträglich zu machen (»Später wirst
du mir einmal dankbar sein ...«). Gegen diesen landläufigen Umgang mit der kindlichen Gegenwart bzw.
mit der Zukunft des Kindes, die ja kein Erzieher tatsächlich kennen kann, hat sich Korczak sehr energisch
gewandt. Wer da glaubt, Zeit zu gewinnen, indem er
wichtige Stufen der Kindheit überspringt, wird sein
Ziel verfehlen. Korczak hält es mit Rousseau, der in
seinem Erziehungsroman *Emile* (1762) die »wichtigste
und nützlichste Regel« jeder Erziehung aufstellt. »Sie
heißt nicht Zeit gewinnen, sondern Zeit verlieren.«[7]
Das Grundproblem, das Korczak hier anspricht, das
Spannungsverhältnis von Gegenwart und Zukunft
in der Erziehung, wurde bereits von *Friedrich Daniel
Schleiermacher*, dem Berliner Theologen und Pädagogen, systematisch erörtert. Schleiermacher sah die
pädagogische Zielproblematik als eine ethische Fragestellung, der sich jeder Erzieher zu stellen habe.
»Jede pädagogische Einwirkung stellt sich dar als
Aufopferung eines bestimmten Moments für einen
zukünftigen; und es fragt sich, ob wir befugt sind,
solche Aufopferungen zu machen.«[8] So sah es auch
Korczak. Ihm ging es um die Lebensrechte der Kin-

der, die nicht um einer ungewissen zukünftigen Vision willen eingeschränkt werden durften. Schleiermacher versuchte einen Kompromiss, mit dem er die Ansprüche der Zukunft mit jenen der Gegenwart zu versöhnen hoffte:

»Wir können nicht anders den Widerspruch aufheben, als wenn wir nach ethischem Gesichtspunkte die Sache also entscheiden: *Die Lebenstätigkeit, die ihre Beziehung auf die Zukunft hat, muß zugleich auch ihre Befriedigung in der Gegenwart haben; so muß auch jeder pädagogische Moment, der als solcher seine Beziehung auf die Zukunft hat, zugleich auch Befriedigung sein für den Menschen, wie er gerade ist. Je mehr sich beides durchdringt, umso sittlich vollkommener ist die pädagogische Tätigkeit.*«[9]

Janusz Korczak war kein Stubengelehrter, kein Mann der Bibliotheken. Sein pädagogisches Hauptwerk *Wie man ein Kind lieben soll* hat er an der Front des Ersten Weltkrieges geschrieben, in der kurzen Zeit, die ihm als Pausen bei der Betreuung von Verletzten und Sterbenden zugestanden wurde. Ihm standen keine wissenschaftlichen Apparate zur Verfügung. Der Fundus, aus dem er schöpfte, waren seine Erfahrungen, die er in den Sommerkolonien, in den Schulen für die Armen und im Waisenhaus gemacht hatte. Seine Stützen waren sein gutes Gedächtnis und mehr noch: seine Konzeption, die in ihrer Offenheit bereits zu dieser Zeit feststand. Es ist sehr zweifelhaft, ob Korczak die zitierten Stellen von Rousseau oder Schleiermacher gekannt hat. Aber er stand diesen beiden großen pädagogischen Denkern nahe, als er die Zeitproblematik für die Erziehung erörterte. Korczak beantwortete die Frage des Verhältnisses von Gegenwart und Zukunft auf seine Weise:

»Wir sollten auch die gegenwärtige Stunde achten, den heutigen Tag. Wie soll es (das Kind, F.K.) morgen leben können, wenn wir es heute nicht bewußt, verantwortungsvoll leben lassen? Wir sollten nicht treten, nicht vernachlässigen, nicht das Morgen fesseln, es nicht auslöschen, nicht eilen, nicht hetzen. Wir sollten jeden einzelnen Augenblick achten, denn er stirbt und wiederholt sich nicht ...«[10]

Mit dieser Forderung redete Korczak weder antiautoritären noch antipädagogischen Parolen das Wort. Korczak hat im Verlauf seiner langen erzieherischen Tätigkeit stets auch Wert auf die äußere Ordnung, auf ein diszipliniertes Zusammenleben, auf Sauberkeit und Zuverlässigkeit, auf Fleiß und Sparsamkeit gelegt. Aber er wusste diese Tugenden zu relativieren, und er hat sie nicht verabsolutiert. Auch meinte das Recht des Kindes auf den heutigen Tag keine Tyrannei des Augenblicks. Das Recht des Kindes auf die Glückserfüllung in der Gegenwart war Ausdruck seiner Achtung vor dem Kind. Kinder waren für Korczak der unterdrückte Teil der Menschheit. Es ging ihm um die Sensibilisierung der Erwachsenen für ihre Ansprüche. Das hatte nichts mit einem Laissez-faire-Stil zu tun, der alles erlaubt und nichts verbietet. Gegen diese Methode hat sich Korczak ausdrücklich gewandt. Kinder sollten sich auch an Widerständen entwickeln. Kinder brauchen Grenzen! Eine Laissez-faire-Einstellung der Erzieher hätte sich Korczak unter den Umständen, die sich ihm im Waisenhaus Dom Sierot boten, auch gar nicht leisten können. Das Heim war überbelegt, es fehlte an ausreichenden Räumlichkeiten, ebenso wie an personeller und materieller Ausstattung. Schon aus diesem Grunde war es wichtig, dass die Kinder ihre Heimordnung hatten und dass sie wussten, wie sie den Tagesablauf zu gestalten hatten. Korczak über die Laissez-faire-Methode: »Also sollte man alles erlauben? Durchaus nicht: Wir würden aus einem sich langweilenden Sklaven nur einen blasierten Tyrannen machen.«[11]

3. *Das Recht des Kindes, so zu sein, wie es ist.* – Diese dritte Forderung Korczaks steht in enger Verbindung mit den ersten beiden Grundrechten, und sie leitet sich gleichfalls als Gegenposition zu den damals vorherrschenden Erziehungsgepflogenheiten des Alltags ab, wie Korczak ihn erlebt hat. Ein Kind kann erzogen werden, aber es kann nicht in seiner Wesensstruktur grundsätzlich umgeformt werden; jedenfalls nicht von einem Tag auf den anderen. Prinzipielle Wandlungen des Wesens, des Temperaments oder des Umgangs sind Reifungsprozesse, die ihre Zeit brauchen. Der Erzieher ist aufgefordert, Geduld zu haben. Er kann nicht erwarten, dass sich Kinder, die ja auch bereits ihre Lebensgeschichte haben, verändern, nur weil der Erzieher einmal eine Verhaltensänderung als wünschenswert bezeichnet hat. Auch diese Forderung hat etwas mit der Achtung vor dem Kind zu tun, mit der Bereitschaft, das Kind grundsätzlich zu akzeptieren, egal, ob es in seinem Verhalten Merkmale aufweist, die im Augenblick nicht erwünscht sein mögen.[12]

Soweit zu der *Magna Charta Libertatis*, die Korczak für die Kinder forderte. Es versteht sich, dass diese Rechte mit der Geburt einzusetzen haben und nicht erst im Schulalter. Mit Recht stehen sie im Kapitel *Das Kind in der Familie*, dem ersten Abschnitt von *Wie man ein Kind lieben soll*. An dieser Stelle wird es Zeit, etwas über den Titel zu sagen. Er könnte den Eindruck erwecken, mit dem Anspruch eines Erziehungsratgebers aufzutreten, also zu jener Kategorie von Büchern zu gehören, die den Eltern handfeste Ratschläge für ihre häusliche Erziehungspraxis oder den Lehrern für ihren Schulalltag geben. Korczak lag nichts ferner, weil es ihm unmöglich schien, Ratschläge zu erteilen. Schon die deutsche Übersetzung seines Buchtitels hätte seinen Widerspruch erregt. Der polnische Titel heißt *Jak kochac dziecko*. Wörtlich übersetzt heißt das *Wie ein Kind lieben*. Korczak verstand diesen Titel als eine offene Frage, nicht als Hinweis auf einen Katalog von fertigen Antworten. Ausdrücklich wird der Leser einleitend vor dieser Erwartung an sein Buch gewarnt:

»Jedes Mal, wenn du ein Buch fortgelegt hast und beginnst, den Faden eigener Gedanken zu spinnen, hat das Buch seinen beabsichtigten Zweck erreicht. Wenn du beim schnellen Blättern nach Vorschriften und Rezepten suchen solltest, wenn du unwillig darüber bist, dass es nur wenige sind – so wisse, wenn du Ratschläge und Hinweise findest: dies ist nicht mit dem Willen des Autors geschehen, sondern gegen diesen.«[13]

Diese Einstellung ist die logische Konsequenz aus Korczaks Menschenbild. Er vertritt eine offene Anthropologie des Kindes. Schon auf der ersten Seite seines pädagogischen Hauptwerkes gesteht er unumwunden ein, dass er in Bezug auf einen konkreten Erziehungsfall unwissend und »ratlos« ist:

»Ich weiß nicht und kann nicht wissen, wie mir unbekannte Eltern unter unbekannten Bedingungen ein mir unbekanntes Kind erziehen können. Ich sage ausdrücklich nicht ›erziehen wollen‹ und nicht ›erziehen sollten‹.«[14]

Reichhaltige Erfahrungen sind nicht zwangsläufig von Vorteil, wenn es um die Beurteilung eines individuellen Falles geht.

»Der Erzieher sagt: ›*Meine* Methode, *meine* Ansicht.‹ Wenn er auch theoretisch höchst unzureichend vorbereitet wäre, und wenn er auch nur eine geringe Anzahl an Arbeitsjahren hinter sich hätte, so wäre er dennoch berechtigt, so zu sprechen. Aber er soll immer daran denken, dass er sich irren kann.«[15]

Nur wenn der Erzieher konsequent seine Erfahrungen zu relativieren weiß, können sie ihm nützlich sein. In diesem Sinne versteht Korczak sein Bekenntnis zum Nicht-Wissen als Voraussetzung, eine Problemlage zu erkennen. Wie hatte doch Sokrates gesagt? »Ich weiß, dass ich nichts weiß.« Korczak: »Dies ›Ich-weiß-Nicht‹ ist in der Wissenschaft der Ur-Nebel, aus dem neue Gedanken auftauchen. Für einen Verstand, der nicht an wissenschaftliches Denken gewöhnt ist, bedeutet ein ›Ich-weiß-Nicht‹ eine quälende Leere.

Ich will lehren, das wunderbare, von Leben und

faszinierenden Überraschungen erfüllte schöpferische ›Ich-weiß-Nicht‹ der modernen Wissenschaft in Bezug auf das Kind zu verstehen und zu lieben.

Es geht mir darum, daß man begreift: Kein Buch und kein Arzt können das eigene wache Denken, die eigene sorgfältige Betrachtung ersetzen.«[16]

Korczaks Pädagogik ist dialogisch angelegt. Das Kind ist der Partner, der in allem ernst genommen wird. Zwar muss der Erzieher nicht auf alles eingehen, aber er muss sich mit dem Kind auseinander setzen.

Es gäbe noch viele Einzelheiten zu berichten, die seine Pädagogik charakterisieren. Ich beschränke mich an dieser Stelle auf ganz wenige Aspekte. Korczak muss im Original gelesen werden. Wie die bisher zitierten Stellen bereits zeigen, unterscheidet sich Korczak von den anderen Pädagogen nicht nur durch seine Vorgehens- und Beurteilungsweise, sondern auch durch seinen Sprachstil. Was das methodische Vorgehen betrifft, so war Korczak kein strenger Systematiker. Er folgte seiner Eingebung und seiner Erinnerung. Stilistisch arbeitet er mit vielen Beispielen und Bildern; seine Rede hat einen starken emotionalen Schwung. *Poetische Pädagogik* oder *erzählende Pädagogik* hat man diese Darstellung genannt. Sie lässt sich nur schwer referieren, ohne dem Gehalt der Darstellung Abbruch zu tun. Bevor ich abschließend auf Korczaks persönliches Schicksal eingehe, möchte ich noch an ein paar Beispielen zeigen, wie sehr dieser Pädagoge seiner Zeit voraus war. An einigen Stellen kann man geradezu von einer Hellsichtigkeit dieses Autors sprechen.

Korczak war einer der ersten Pädagogen, die Sigmund Freuds Lehre von der kindlichen Sexualität zur

Kenntnis genommen und akzeptiert haben. Korczak hat sich auch in seiner erzieherischen Praxis an diesen Erkenntnissen orientiert.

»Die Forschungen Freuds über das Sexualleben der Kinder haben zwar das Kindheitsalter befleckt – haben sie aber nicht auch das Bild eben dieser Jugend von falschen Vorstellungen befreit? Das Verschwinden der liebgewordenen Illusionen von der unbefleckten Reinheit des Kindes brachte auch die Auflösung einer anderen quälenden Fehlmeinung mit sich: daß plötzlich ›das Tier im Kind erwacht und es in den Sumpf schleudert‹. Ich habe diese weit verbreitete Phrase hier benutzt, um desto eindringlicher zu betonen, wie fatalistisch unsere Auffassung von der Entwicklung eines Triebes ist, der so eng mit dem Leben verbunden ist wie das Wachstum selbst.«[17]

In diesem Zusammenhang sind auch seine Stellungnahmen über den Begriff der *Kindheit* und der *Reifungsphase* bemerkenswert. Seit der Aufklärung wurden bürgerliche Pädagogen nicht müde, die Kindheit mit dem Glorienschein der Unschuld, der Heiterkeit und des problemlosen Glücks zu umgeben. Das unbeschwerte sonnige Gemüt der Kinder war so etwas wie eine anthropologische Grundannahme der frühen Erziehung, die sich bis ins zwanzigste Jahrhundert mit besonderer Hartnäckigkeit in den Köpfen der Erwachsenen festgesetzt hat. Das Paradies der Kindheit war frei von Leidenschaften, von Sexualität, Aggression, Neid und Hass. Demgegenüber postulierte die überlieferte Pädagogik die Pubertät als eine prinzipiell konfliktreiche Phase. Prinzipiell konfliktreich deshalb, weil Psychologen und Pädagogen bis auf den heutigen Tag die Pubertätszeit und ihre Probleme überwiegend biologisch erklären. Sexuelle Reife, Wachstumsschub oder veränderte Drüsenfunktionen werden als dominante Faktoren für das veränderte Verhalten der Jugend in dieser »schwierigen Phase« verantwortlich gemacht. Eine sozialwissenschaftlich orientierte Psychologie hat gegen diese biologistische Betrachtungsweise Bedenken erhoben. Seit den sechziger Jahren des zwanzigsten Jahrhunderts hat sich der Verdacht erhärtet, dass die zum Teil hochproblematischen Entwicklungsverläufe der Pubertätszeit etwas mit dem Umgang der Erwachsenen mit ihren Kindern zu tun haben. Kinder, die mit Eltern groß werden, welche nicht in der Lage sind, das zunehmende Selbständigkeitsstreben der Heranwachsenden zu verstehen und zu akzeptieren, die mit Eltern zusammenleben, die die Ansprüche auf Eigenständigkeit verständnislos zurückweisen, geraten in jene Verhältnisse, die uns die Psychologen bis auf den heutigen Tag als Naturwuchs weismachen wollen.

Ist es nicht erstaunlich, dass Janusz Korczak bereits zur Zeit des Ersten Weltkrieges massive Bedenken gegen diese überlieferten Kindheits- und Jugendbilder vorgebracht hat? Und das zu einer Zeit, als im europäischen Raum unverdrossen an empirischen Untersuchungen gearbeitet wurde, die die Entwicklung der Kinder und der Jugendlichen nach phasentypischen Abläufen festlegten! Korczak hat – ich habe bereits darauf hingewiesen – sein pädagogisches Hauptwerk während des Ersten Weltkrieges, nahe der Front, als Leiter eines Lazaretts geschrieben. Er konnte sich weder an Büchern orientieren, noch hatte er Umgang mit Fachkollegen, die einen wissenschaftlichen Austausch ermöglicht hätten. Allein auf sich und auf seine Beobachtungen gestellt, brachte er seine Bedenken gegen jene Pädagogen zu Papier, die die Kindheit und Jugend als fest gefügte biologische Phasen postulierten.

»Von Grund auf ist all das zu revidieren, was wir heute der Reifungsperiode zuschreiben; wir betrachten diese ganz zu Recht als ernst zu nehmende Entwicklungsphase. Es ist nur die Frage, ob ihre Bedeutung nicht übertrieben wird, ob sie nicht einseitig und vor allem ohne Differenzierung der zusammenwirkenden Faktoren gesehen wird. Würde nicht erst die Kenntnis der vorausgehenden Entwicklungsetappen eine objektivere Betrachtung dieser Phase ermöglichen – einer Phase, die zwar neu auftritt, im Grunde aber doch nur eine von vielen Phasen der Unausgeglichenheit ist und von ähnlichen Symptomen wie die vorangegangenen begleitet wird? Könnte man diesem Zeitraum damit nicht seine ungesunde, geheimnisvolle Ausnahmestellung nehmen? Haben wir die Jugend in der Pubertätszeit nicht in die Uniform der ›Unausgeglichenheit‹ und der ›Unruhe‹ gesteckt, die ebenso wenig paßte wie die Charakterisierung ›heiter‹ und ›sorglos‹ auf die Kindheit? Wirkt diese Vorstellung nicht geradezu suggestiv auf die Jugend? Beeinflusst unsere Ratlosigkeit nicht den stürmischen Verlauf der Pubertätszeit? Ist nicht allzu oft die Rede vom erwachenden Leben, vom Morgenrot, vom Frühling und von stürmischen Erregungen, zu selten jedoch von den faktischen Gegebenheiten der Wissenschaft? ...

Wenn bestimmte Erscheinungen unter Jugendlichen eine Panik hervorrufen, die schwere Verwundungen hinterlässt, viele Opfer kostet, die Reihen lichtet und Verderben mit sich bringt – dann geschieht dies nicht deshalb, weil das so sein muß, sondern weil es unter den gegenwärtigen sozialen Bedingungen geschieht; gegenwärtig begünstigen alle Umstände einen derartigen Verlauf und damit einen Bruch der Lebensbahn.«[18]

Oder nehmen wir ein anderes Beispiel, mit dem Korczak auf ein Problem aufmerksam machte, als führende europäische Pädagogen noch mit Fragen beschäftigt waren, die weitab von der sexuellen Thematik lagen. Ich meine die *sexuelle Gewalt an Kindern*. Damals wie heute ist sie ein Delikt, das von gesellschaftlichen Tabus durchsetzt ist. Dazu gehört zum Beispiel die Frage der Täterschaft. Nicht der fremde Mann, der in das Leben der Familie einbricht ist, ist, wie häufig angenommen, der Täter, sondern oftmals jemand aus dem engsten Familien- oder Bekanntenkreis. Nicht zuletzt durch die feministische Bewegung wurde diesem Umstand die nötige Aufmerksamkeit zuteil und Gewalt an Kindern in realistischer Weise dargestellt.

Korczak macht auch in dieser Frage eine klare Wendung gegen den Trend der Zeit. Er wälzt das Problem nicht auf den »fremden Mann« ab, sondern thematisiert den Gefahrenherd direkt im Umgang der Eltern mit ihren Kindern:

»Du mußt über dein Gefühl den Kindern gegenüber Klarheit gewinnen; und du mußt wachsam sein; denn die Kinder, die du nicht nur erziehst, sondern von denen du selbst ebenfalls erzogen wirst, können dich auch verderben ... Die vier Wände des Elternhauses, der Schule, des Internates bergen düstere Geheimnisse. Manchmal werden sie für einen Augenblick durch das Blitzlicht eines Skandals sichtbar. Und dann herrscht wieder Dunkelheit ... In der gesetzlich sanktionierten Vergewaltigung, die unsere Erziehung an den Seelen der Kinder begeht, in der Unfreiheit und der unanfechtbaren Herrschaft der Erwachsenen sind notwendigerweise auch Willkür und Verbrechen verborgen.«[19]

Wer sich die Mühe macht, einmal Korczaks Hauptwerk *Wie man ein Kind lieben soll* zu lesen, wird sehen, dass seine Beobachtungen sehr viele Erkenntnisse enthalten, die noch heute Gültigkeit beanspruchen. Obwohl es sein Hauptanliegen war, die Erzieher selbst zum Beobachten anzuleiten und zum Nachdenken zu ermuntern, so sind doch viele Aussagen über das Wesen des Kindes, den Sinn der Erziehung und die Haltung des Erziehers heute noch relevant.

Korczak ist nicht selten mit *Pestalozzi* verglichen worden. Mit einigem Recht weisen Autoren auf ähnliche Erziehungsbedingungen hin, unter denen beide zu arbeiten hatten, sowie auf ihr gemeinsames erzieherisches Ethos. Die historischen Umstände und die Arbeitsbedingungen legen auch einen Vergleich mit *Makarenko*, dem großen russischen Erzieher, nahe. Doch in der Eigenständigkeit seines Erziehungsmodells steht Korczak viel eher mit Schleiermacher in Beziehung. Deshalb ließ sich seine Pädagogik auch nicht für den Alltag und die Visionen einer totalitären Staatserziehung sozialistischen Gepräges dienstbar machen. Geist und Methode seiner Pädagogik sind so dogmenfeindlich, dass diesbezügliche Versuche nur mit großen ideologischen Verbiegungen möglich waren.

Nicht jeder Gedankengang Korczaks, nicht jede Erziehungsvorstellung muss heute nachvollzogen werden, will man die Außergewöhnlichkeit dieses Erziehers würdigen. Manche Gedanken erscheinen überpointiert (z.B. das Recht des Kindes auf seinen Tod); problematisch sind auch die minutiösen Ausführungen über das *Kameradschaftsgericht*, mit dem Korczak einen Ausgleich zwischen den Interessen der Kinder und denen der Erwachsenen zu erreichen suchte. Die zahllosen Paragraphen führten zu erheblicher Verwirrung bei Beteiligten und Kritikern. Dennoch hielt Korczak an dieser Institution fest. Doch selbst wenn man der Ansicht ist, dass manche seiner Entwürfe nur noch unter historischen Aspekten interessant sind (dazu zähle ich das Kameradschaftsgericht), so wird man zugestehen müssen, dass sie zu den lebendigsten Kapiteln der internationalen reformpädagogischen Bewegung gehören.

Warschauer Getto und Treblinka

Im Jahre 1939, nach dem Überfall der Deutschen auf Polen, wird Korczaks Arbeit zunehmend schwerer. Mit dem Antisemitismus seiner Landsleute hatte er im Laufe der dreißiger Jahre zu leben gelernt. Nun bekam er es mit einem Programm zu tun, das die stupiden Vorurteile in eine systematische Ausrottung umsetzte. 1940 wird das Waisenhaus Dom Sierot geschlossen. Mit mehr als zweihundert Kindern setzte Korczak seine Arbeit in einem viel zu kleinen Haus im Warschauer Getto fort. Er übernahm sogar noch die Verantwortung für ein weiteres Waisenhaus, das ohne Leitung war und in dem katastrophale Verhältnisse herrschten. Auch in Korczaks Waisenhaus verschlechterte sich die Versorgung mit jedem Tag. Da gab es keine Kraft mehr zum Protest. Resignation griff um sich, und besorgt registrierte Korczak die ganz untypische Apathie, die sich der Kinder bemächtigte. »Unser Haus ist jetzt ein Altersheim«, notierte er in sein Tagebuch. Korczak wurde von einer Hoffnung geleitet, die sich als irrig erweisen sollte. Er hatte den festen Glauben, dass die Nazis wenigstens die Kinder verschonen würden. Im Sommer 1942 erhalten Korczak und seine Mitarbeiter die Anweisung, sich für den Abtransport bereitzuhalten. Dr. Korczak – so heißt es – habe es mehrfach abgelehnt, seine Kinder allein zu lassen und dem Getto zu entfliehen. Anfang August zieht Korczak mit seinen Mitarbeitern und mit zweihundert Zöglingen des Waisenhauses zum ›Umschlagplatz‹ in der Nähe des Danziger Bahnhofs in Warschau. Von dort geht der Zug zum Vernichtungslager Treblinka ...

Anmerkungen

1 Nach Pelzer, Wolfgang: Janusz Korczak. Mit Selbstzeugnissen und Bilddokumenten. 9.-11. Tsd., Reinbek bei Hamburg 1987, S. 14ff.
2 Korczak, Janusz: König Hänschen I. München 1974.
3 Ders.: König Hänschen auf der einsamen Insel. Göttingen 1971.
4 Siehe hierzu Werner, Anneliese: Janusz Korczak als Kinderbuchautor. Beobachtungen zum Angebot und zur

Rezeption seiner Kinderbücher heute. In: Friedhelm Beiner (Hg.): Janusz Korczak – Pädagogik der Achtung. Heinsberg 1987, S. 249ff.
5 Korczak, Janusz: Wie man ein Kind lieben soll. 9. Aufl., Göttingen 1989, S. 40.
6 Vgl. ebd., S. 43 und S. 45.
7 Rousseau, Jean-Jacques: Emil oder Über die Erziehung. Vollständige Ausgabe. In neuer deutscher Fassung besorgt von Ludwig Schmidts. 12. Aufl., Paderborn u. a. 1995, S. 72.
8 Schleiermacher, Friedrich: Pädagogische Schriften. Unter Mitwirkung von Theodor Schulze herausgegeben von Erich Weniger. 1. Band. Vorlesungen aus dem Jahre 1826. Düsseldorf und München 1957, S. 46.
9 Ebd., S. 48.
10 Korczak, Janusz: Das Recht des Kindes auf Achtung. Göttingen 1970, S. 28.
11 Korczak, Janusz: Wie man ein Kind lieben soll, a.a.O., S. 46.
12 Vgl. ebd., S. 57f.
13 Ebd., S. 1.
14 Ebd.
15 Ebd., S. 228.
16 Ebd., S. 1f.
17 Ebd., S. 132f.
18 Ebd., S. 131.
19 Ebd., S. 175.

Paul Geheeb
und die Odenwaldschule

> »Wer ... in der Erziehung zu sozial empfindenden und handelnden Staatsbürgern die vornehmste Aufgabe der Erziehungsschule erblickt: dessen Landerziehungsheim wird nicht bloß einen notdürftigen Ersatz für sonniges Familienleben darstellen, sondern den Ort zur erfolgreichen Lösung einer Aufgabe, für die der Organismus der Familie zu eng ist, und der gegenüber auch die öffentlichen privaten Stadtschulen versagen, solange sie nicht – worauf vorläufig keine Aussicht besteht – in Arbeits- und Lebensgemeinschaften umgewandelt sind.«
> PAUL GEHEEB

Eine avantgardistische Schule mit Tradition

Als in den sechziger Jahren immer deutlicher wurde, dass das Bildungssystem der Bundesrepublik Deutschland keineswegs den Anforderungen der Zukunft gerecht werden könne, dass es nötig sei, die verkrusteten Strukturen der Bildungsgänge aufzubrechen, um demokratischen und wirtschaftlichen Erfordernissen gerecht zu werden, da richteten viele Bildungsreformer und -politiker ihren Blick auf einen kleinen Ort im Odenwald, auf Oberhambach, nicht weit von Heppenheim an der Bergstraße. Hier in der Odenwaldschule wurden bereits seit fünfzig Jahren Schulreformen betrieben, die schon bald Auswirkungen auf Theorie und Praxis der Erziehung hatten. Bereits im Jahre 1951 hatte man hier die Oberstufenreform mit der freien Wahl von vier Leistungsfächern eingeführt. In den darauf folgenden Jahren dann weitere Neuerungen, die – lange bevor das allgemeine staatliche Schulwesen in die Kritik geriet – erprobt waren: die Einrichtung einer Mittelschule mit zwei Fremdsprachen (1952); der Aufbau der Volksschuloberstufe (Klasse 7–9); eine weitere Variante der Oberstufenreform mit der freien Wahl einer Kombination von vier Leistungsfächern (1956); die Festlegung von Übergangsmöglichkeiten zwischen den verschiedenen Schultypen innerhalb der Odenwaldschule selbst (1957) sowie die Schaffung eines Mittelschulzweiges mit den Schwerpunkten Sozialkunde und einer Fremdsprache (1959).

Das waren Neuerungen, die sich deutlich von dem allgemeinen Schulwesen abhoben. Nach wie vor herrschte hier das dreigliedrige System (Volksschule, Realschule und Gymnasium) vor, mit dem die Bildungslaufbahn der SchülerInnen nach dem vierten Schuljahr festgeschrieben wurde. Wer es bis zu seinem zehnten Lebensjahr nicht geschafft hatte, Begabungen zu entwickeln, dessen Möglichkeiten waren auch in Zukunft beschränkt. Der Ausleseprozess war unerbittlich, und die Volksschule als so genannte Restschule benachteiligte als ein Stiefkind des Bildungswesens Schülerinnen und Schüler, die bereits durch ihre familiäre Herkunft unterprivilegiert waren.

Hier in der Odenwaldschule wehte ein anderer Wind. Hier wurde eine differenzierte Gesamtschule eingerichtet, erprobt und modifiziert, als in weiten Teilen der

Bundesrepublik noch weitgehend unreflektiert dem überlieferten Ausleseprinzip das Wort geredet wurde.

Der Innovationseifer der Pädagogen in Oberhambach kam freilich nicht von ungefähr. Die Odenwaldschule war seit jeher ein Markenzeichen für Schulreformen, genauer, seit neunzig Jahren, als ein Pionier der Landschulheimbewegung sie mit staatlicher Genehmigung ins Leben rief. Sein Name: Paul Geheeb. Sein Lebensweg und sein Werk sollen in diesem Kapitel beschrieben werden. Beginnen wir mit seinem Lebenswerk, der Odenwaldschule.

Am 14. April 1910 eröffnete Paul Geheeb die Schule, die sich in so bemerkenswerter Weise von den öffentlichen, staatlichen Schulen unterscheiden sollte. Das Haus, in dem zunächst nur wenige Kinder und ein paar Lehrkräfte untergebracht waren, hieß »Zum Lindenstein« und war eine ehemalige Gaststätte. Eine freie Schule sollte hier entstehen, eine offene Einrichtung, aufgeschlossen gegenüber allen pädagogischen Ideen, die die staatlichen Schulen aus unterschiedlichen Gründen nicht realisieren konnten. Geheeb ging es bei der Gründung nicht primär um die Abgeschiedenheit der Landheimschule mit ihren so oft beschworenen erzieherischen »Naturkräften«, auch sah er in seiner Schule nicht in erster Linie den Zweck, Kindern das Elternhaus zu ersetzen. »Der Grund ...« – so Geheeb in seiner Eröffnungsrede – »liegt vielmehr in unserer festen Überzeugung, daß es hier möglich ist, das zu schaffen, was die Schule sein soll, was sie aber im Getriebe des öffentlichen Schulwesens nicht zu sein vermag; die Stätte, an der Kinder sich zu Menschen entwickeln und arbeiten lernen.«[1] Geheeb geht es darum, die Unterrichtsanstalt in eine Arbeitsgemeinschaft zu verwandeln, in der SchülerInnen und LehrerInnen partnerschaftlich zusammenarbeiten. Damit gewinnt die Schularbeit eine neue Qualität. Sie hat nichts mit Schlendrian und Bequemlichkeit zu tun. Wer das glaubt, wird gleich gewarnt:

»Wer also hierher gekommen ist in der Erwartung, daß ihm hier die Lernarbeit bequemer gemacht würde, der wird sich bitter enttäuscht fühlen. Nicht bequemer wollen wir es euch machen – nein, schwerer; insofern wir euch höhere Ziele stecken und größere Ansprüche an eure Einsicht, an eure Initiative, an eure Energie, an euer vernünftiges Wollen stellen. Leichter freilich machen wir es euch dadurch, daß wir die in euch wohnende Schaffenskraft nicht beengen und unterdrücken, sondern zu freier Entfaltung und kräftiger Erstarkung zu bringen suchen, in der Absicht, euch auf euch selbst zu stellen und uns nach und nach entbehrlich zu machen.«[2]

Wichtig für die Wahl des Ortes war für Geheeb die geographische Lage. Die Gründer der Landschulheime hatten ein gut Teil ihrer pädagogischen Motivation aus der Kulturkritik entwickelt. Diese sah – mit Rousseau – in den Städten nichts anderes als den Moloch. Die Zivilisation wurde als Gefahr für die Entwicklung des jungen Menschen gesehen, die Rückkehr zur Natur als Grundlage für den Erfolg der Menschenbildung betrachtet. Die Folge dieser Einstellung führte oft zur Gründung von Landschulheimen, die weitab von jeder größeren Gemeinde lagen. Für derlei Robinsonaden hatte Geheeb wenig Sinn. Erziehung dürfe nicht zur

Abkehr von der Gesellschaft und von der Kultur führen. Zwar sah er in der ländlichen Abgeschiedenheit gute pädagogische Voraussetzungen, doch die Kultur der Stadt sollte sowohl Kindern als auch Lehrern nicht unerreichbar sein. Oberhambach schien ihm ein günstiger Ort für dieses Vorhaben. Die Nähe Darmstadts, eines Ortes, in dem das kulturelle Leben gepflegt wurde, machte Oberhambach attraktiv.

Geheeb war zeit seines Lebens kein Theoretiker der Erziehung. Er ging nicht von einem einheitlichen Erziehungsziel aus. Auch sein Menschenbild war keine geschlossene Vision mit festen Vorstellungen. Sein einziges Dogma war die Offenheit, mit der er dem Individuum begegnete. »Werde, der du bist!«, war eine Grundidee Geheebs, die er zwar nicht näher erläutert hat, die aber wohl das Recht und die Pflicht jedes Einzelnen meinte, seine individuelle Entwicklung zu durchleben und seine spezifische Identität zu erlangen.

Da Geheeb den herkömmlichen Schulunterricht durch eine Arbeits- und Lebensgemeinschaft ersetzen wollte, dürfen wir in der Odenwaldschule auch nicht das übliche Schulklassenzimmer erwarten. Für jedes Arbeitsgebiet gibt es einen Raum, der entsprechend mit Büchern, Karten, Handwerkszeug und physikalischen Geräten ausgestattet ist. Die Odenwaldschule bestand aus verschiedenen Gebäuden, sie wurden Goethe-, Herder-, Fichte-, Humboldt- und Schillerhaus genannt. Auf mächtigen Fundamenten wurden dreistöckige Gebäude errichtet, mit Erkern und Mansarden, die das Wohnen behaglich machten. In jedem Haus konnten zwanzig Schüler – in der Odenwaldschule waren es die »Kameraden« – wohnen. Zunächst war es ein lediger Erwachsener, der jeweils eine Schar von Kindern, die nach eigener Wahl zu ihm gekommen waren, um sich versammelte und so eine »Familie« bildete. Später wurde die »richtige« Familie des Pädagogen zum Kern der pädagogischen Familie. Da die Kritik der Schulreformer an der staatlichen Schule oft auch die überfüllten Klassen im Auge hatte, versuchten die Reformpädagogen ganz gezielt die Lernprozesse in kleinen Gruppen zu entwickeln. So war es auch in der Odenwaldschule in den ersten Jahren. Große Klassenräume wurden nicht eingerichtet. Man bildete Wahlgruppen, für die es die kleineren Fachräume gab. Als mit steigender Schülerzahl eine größere Aula notwendig wurde, baute man 1923/24 das Platonhaus. Ein weiteres Bauvorhaben war das Werkstättenhaus, das eine Lehrschlosserei mit acht Plätzen, ein Chemielabor, eine Keramikwerkstatt sowie eine Reparatur- und Lehrschreinerei beherbergte. Neben diesen Räumen, deren Ausstattung zu experimentellen und praktischen Tätigkeiten anregte, gab es noch die Druckerei. Für körperliche Arbeiten bot der Garten ein reiches Betätigungsfeld.

Die Odenwaldschule entsprach bei ihrer Gründung einer neunklassigen Oberrealschule. Schon wenige Jahre später wurden die Altersklassen zugunsten des Zusammenschlusses von Fachgruppen aufgelöst.

Einzelne Abschnitte und Einheiten der Fächer bilden die inhaltliche Grundlage für die Kurse. Folgende Fächer wurden in Kursen angeboten: Deutsch, Geschichte, Geographie; Latein, Französisch, Englisch; Mathematik, Astronomie, Physik, Chemie mit Mineralogie, Biologie; Schreinerei, Schlosserei, Gartenbau,

Landwirtschaft, Papierarbeiten, Buchbinden, Nähen und Kochen. Hinzu kamen Kunstunterricht, Religionsgeschichte, Griechisch, Instrumentalmusik, Gesang, Rhythmische Gymnastik und Turnen. Die letzteren Bereiche wurden teils in Kursen oder aber in Einzelunterricht erteilt. Eine Fülle von Angeboten, die – zusammen mit den neuen Arbeitskreisen – den Interessen der Kinder näher kam als das konventionelle didaktische und methodische Programm der staatlichen Schulen. Man achtete darauf, dass sich die Schüler bei der Auswahl der Kurse nicht zu viel zumuteten. Die Anzahl sollte möglichst gering sein. Beraten wurden die Kinder von ihrem »Familienoberhaupt«.

Diese Unterrichtsorganisation wurde fast dreißig Jahre aufrechterhalten. Unter dem Einfluss nationalsozialistischer Schulpolitik – von ihr wird noch zu sprechen sein – wurden die Klassenverbände wieder eingeführt. Das Kurssystem, das zu den charakteristischen Merkmalen der Odenwaldschulpädagogik gehörte, musste aufgegeben werden.

Noch ein Wort zur *Leistungsbewertung*. Paul Geheeb lehnte die Vergabe von Zensuren ebenso ab wie die Prüfungen. Wer von den Odenwaldschülern das Abitur machen wollte, bereitete sich an der Schule in seinen Schwerpunkten besonders vor und legte die Prüfung an einem staatlichen Gymnasium als Externer ab. Das änderte sich im Jahre 1929. Der im Laufe der Jahre gestiegene Bedarf an einem qualifizierten Abschluss führte zur Verabschiedung einer Reifeprüfungsordnung, die zur Ablegung des Examens »im Hause« führte. Mit der Schulreform des Dritten Reiches wurde diese Regelung suspendiert.

Die Bedeutung der Koedukation

Großen Nachdruck legte Geheeb bei seiner Schulgründung auf die Durchsetzung eines Erziehungsprinzips, das um 1900 geradezu als Sakrileg galt: Geheeb wollte die *gemeinsame Erziehung beider Geschlechter.* Das mutet an der Schwelle zum dritten Jahrtausend nicht sonderlich originell an. Um 1900 waren die Verhältnisse jedoch anders. Gemeinsame schulische Erziehung von Mädchen und Jungen gab es nur als Notbehelf, in kleinen Orten, in denen sich die Einrichtung getrennter Klassen aufgrund der geringen Schülerzahl nicht lohnte. Jede weiterführende Bildungsinstitution verfolgte das Prinzip der getrennten Erziehung. Diese Maßnahme wurde durch mannigfaltige Argumentationen ideologisch gestützt. Die unterschiedlichen »Wesen« von Mädchen und Jungen verlangten jeweils eine besondere Beschulung und Erziehung. Die Ausrichtung auf die unterschiedlichen Aufgaben »des Mannes« und »der Frau« in der Gesellschaft erfordere ein differenziertes Erziehungsprogramm, das keine Vermischung gestatte. Eine gemeinsame Erziehung führe zu erheblichen Störungen in der Entwicklung beider Geschlechter, ganz zu schweigen von der sittlichen Gefährdung. Namentlich dieser letzte Aspekt war den Pädagogen und Schulbeamten allgegenwärtig, wenn sie sich Gedanken über die »Geschlechterfrage« machten.

Geheeb konnte sich diesen Bedenken nicht anschließen. Er sah in der Koedukation weder eine Erschwerung der Erziehung noch eine moralische Gefahr, sondern eine Bereicherung. Sein Erziehungskonzept war bewusst und planmäßig darauf angelegt, »die Auseinandersetzungsgelegenheiten zwischen Kindern verschiedenen Geschlechts zu vermehren und – im Interesse der zu entwickelnden Menschlichkeit – möglichst fruchtbar zu gestalten, auf allen Altersstufen und auf allen Lebensgebieten«.[3] Die Gesellschaft sei gekennzeichnet durch die Polarität der Geschlechter, sie sei erfüllt von männlichen und weiblichen Elementen. »Diese wunderbare Welt der zweigeschlechtigen Differenzierung theoretisch und praktisch, in Gesinnung und Lebensgestaltung, freudig bejahen und den aus ihr quellenden Reichtum auf allen Lebens- und Kulturgebieten pädagogisch verarbeiten und für die Entwicklung des Kindes möglichst fruchtbar werden zu lassen, das ist Koedukation.«[4] Sie ist nach Geheeb, der sich über Jahrzehnte mit dieser Frage auseinander gesetzt hat, grundlegend für die spätere Einstellung des Menschen zu Liebe und Ehe, und sie ist ein entscheidender Schlüsselfaktor für die kulturelle Entwicklung überhaupt. Im Jahre 1931 schreibt Geheeb:

»Mehr und mehr ist der Gesichtspunkt in den Vordergrund getreten, daß höchste menschliche Kultur diejenige ist, in der männliche und weibliche Kultur zusammenwirken, daß daher Kinder von Geburt an miteinander leben müssen, zunächst als Spielkameraden, um dann Arbeitsgenossen, schließlich Lebenskameraden zu werden.«[5]

Geheeb vertrat also eine konsequente, eine durchgehende – nicht nur temporäre – gemeinsame Erziehung. Diese ist erst in jüngster Zeit wieder problematisiert worden, freilich mit anderen Vorzeichen. Unter dem Gesichtspunkt der Gleichberechtigung seien nach wie vor Defizite auszumachen, die durch die Koedukation nicht aufgehoben, sondern verschärft und verdeckt würden. Neuere Untersuchungen legen daher eine zeitweise getrennte Instruktion namentlich in den naturwissenschaftlichen Fächern nahe.[6] Mit der Diskussion um 1900 haben diese Erkenntnisse wenig zu tun. Damals ging es den Gegnern der Koedukation um die Zurückweisung von Gleichberechtigungsansprüchen der Frauen, in der neueren Diskussion dreht sich der Streit dagegen um eine konsequentere Durchsetzung der Gleichberechtigung.

Geheeb hatte Glück! Sein ausführliches Plädoyer überzeugte die Kultusbeamten, und so wurde vom Tage der Eröffnung an die Koedukation zum leitenden Prinzip der Odenwaldschule. Anfangs war nur ein einziges Mädchen unter vierzehn Schülern, doch später änderte sich das Verhältnis. Im Jahre 1930 setzt sich die Schülerschaft aus etwa 120 Jungen und 60 Mädchen zusammen, die dem Familienprinzip entsprechend auf die verschiedenen Häuser aufgeteilt werden. Es versteht sich, dass sich die gemeinsame Erziehung der Geschlechter nach 1933 nicht aufrechterhalten ließ. Die Nationalsozialisten verfolgten ein Geschlechterprogramm, das die konservativ-bürgerlichen Vorstellungen noch weit übertraf. Errungenschaften der proletarischen und der bürgerlichen Frauenbewegung wurden radikal aufgehoben, die Organisationen verboten. Die »deutsche Frau« hatte fortan im *Reichsmütterdienst* oder in der Institution *Glaube und Schönheit* ihren Ort. *Emanzipation* wurde als jüdischer Begriff denunziert. Das hatte natürlich seine Auswirkungen auf alle gesellschaftlichen Bereiche und natürlich auch auf die Schulpolitik. Die neuen Bestimmungen erreichten die Odenwaldschule sehr schnell. Schon kurze Zeit nach der Machtübernahme musste die Trennung der Geschlechter durchgeführt werden.

Die Schulgemeinde

Doch kehren wir wieder zum Konzept Geheebs zurück. Zu einem grundlegenden Bestandteil seines Schulentwurfs gehörte die *Schulgemeinde*. Bei aller Betonung der Individualität hatte die Schule den Bezug zur Gemeinschaft stets im Auge. Das war für Geheeb kein Widerspruch. Das tägliche Zusammenleben zwischen Jung und Alt, das partnerschaftliche Zusammenleben in familienähnlichen Gruppen sollte zur Mitverantwortung für das gesamte Schulleben führen. Damit das auch nach demokratischen Gepflogenheiten geschah, institutionalisierte Geheeb die so genannte Schulgemeinde. Das war die Versammlung aller in der Aula. Hier wurde Kritik geübt, wurden Vorhaben und Pläne erörtert, die die ganze Anstalt und alle SchülerInnen betrafen. Geheeb sah in den Schulgemeindeversammlungen ein wichtiges Instrument für die staatsbürgerliche Erziehung. Hier sollten die Kinder lernen, ihre Interessen zu artikulieren, sie sollten reden und zuhören lernen und erfahren, dass eigene Wünsche gegebenenfalls auch aufgegeben und vertagt werden müssen, wenn sich keine Mehrheiten dafür erzielen lassen. Klar war, dass die LehrerInnen und der Schulleiter – wie die SchülerInnen – bei den Voten nur eine

Stimme hatten, um das Gleichheitsprinzip nicht zu verletzen. So jedenfalls war es gedacht, und so wurde es erprobt. In der Praxis ist es allerdings wohl eher so gewesen, dass die Persönlichkeit Geheebs so stark war, dass keine Mehrheitsentscheidung gegen die Lehrer und schon gar nicht gegen Geheeb erfolgte. Jedenfalls deuten Stimmen ehemaliger Schüler in diese Richtung.[7] Es gab aber auch andere, strukturelle Probleme. Im Laufe der Jahre stellte Geheeb eine gewisse Ermüdung in den Schulgemeindeversammlungen fest. Diese führte zunächst zu einer abgestuften Handhabung des Stimmrechts, einer Maßnahme, bei der das Stimmrecht an eine Dreiergruppe delegiert wurde. Problematisch war die Institution der Schulgemeinde auch dadurch geworden, weil die SchülerInnenschaft sich im Laufe der Jahre erheblich vergrößert hatte. Auch das Familiensystem geriet im Laufe des zweiten Jahrzehnts nach der Gründung der Schule in die Kritik. 1931 entschloss man sich, dass nur noch zwei Häuser – für die jüngsten Schüler – nach diesem Modell einzurichten seien.[8]

Feiern und Andachten haben in der Geschichte der Odenwaldschule stets eine besondere Rolle gespielt. Advent, Weihnachten, Fastnacht und die Sonntage wurden dem christlichen Kalender entnommen und feierlich gestaltet – aber nicht im engen konfessionellen Sinn, sondern im Sinne einer überkonfessionellen Religiosität, die dem Andersgläubigen mit Ehrfurcht und Respekt begegnet. Dann gab es die so genannten »Heroenfeste«. Das waren die Geburts- und Todestage jener verehrten Geistesheroen, die auch die Namenspatrone der Häuser waren: Goethe, Schiller, Fichte,

Herder, Humboldt, Platon und Pestalozzi. Diese Tradition wurde gut eineinhalb Jahrzehnte gepflegt. Wie es in einer Schule, die lebendig bleibt und die nicht in starren Formen ersticken will, nicht anders sein kann, setzte auch hier im Laufe der Zeit ein Wandel ein. Ende der zwanziger Jahre ist eine neue Generation herangewachsen. Auseinandersetzungen über die Mode setzen ein, neue Musik wird diskutiert, der moderne Tanz findet Zuspruch, und 1928 hat eine hauseigene Jazzband ihren ersten großen Auftritt, der mit Begeisterung aufgenommen wird. Die neue Entwicklung bringt frische Impulse für die Theatergruppe und für die Feste allgemein. Nicht Heroenfeste sind jetzt gefragt, sondern Veranstaltungen, in denen sich die SchülerInnen selbst feiern, das »Volksfest« löst das Heroenfest ab. Gewisse Spannungen hat es offensichtlich in der Freizeitgestaltung gegeben. Die Odenwaldschule hielt ein reichhaltiges Angebot für ihre SchülerInnen bereit. Da gab es zahlreiche Arbeitsgemeinschaften, die verschiedenen Werkstätten luden ein, Wanderungen und Ausflüge wurden unternommen, Gartenarbeit, sportliche Betätigungen wie Fußball, Hockey, Leichtathletik etc. waren möglich. Die Freizeit – so der pädagogische Anspruch – sollte keine leere Zeit sein, sie sollte nicht vertrödelt, sondern sinnvoll und aktiv gestaltet werden. Das führte mitunter zu Überdruss. Die freie Zeit werde zu sehr zerstückelt, alles sei zu sehr auf Gruppe und Gemeinschaft ausgerichtet. Der unruhige, stets geschäftige Gemeinschaftsmensch werde allzu hoch geschätzt, nicht aber jener, der sich in der Stille sammle.[9]

Die Vertreibung durch die Nationalsozialisten

Nach 1933 werden die Eingriffe von »draußen« spürbar. Die Schüler bleiben von den Anwerbern für die Hitlerjugend nicht verschont, Wehrsportgruppen werden eingerichtet, HJ-Abende sollen gestaltet werden. Ende 1936 müssen die Eingriffe massiver geworden sein, denn am 1. Dezember 1936 wurde die Hitlerjugend per Gesetz zur »Staatsjugend« erklärt. Ihre Organisationen Jungvolk und Hitlerjugend greifen in das Leben der Odenwaldschule ein. Paul Geheeb und seine Lebensgefährtin Edith Geheeb, geb. Cassirer, über die noch ausführlich berichtet wird, haben diese Eingriffe nicht mehr unmittelbar erlebt. Nach dem letzten Abitur, am 19. März 1934, lösen sie die Schule auf. Auf Drängen einiger Eltern haben sich zwei Kollegen entschlossen, zwei der Häuser anzumieten, um eine neue, kleinere Schule zu eröffnen. Sie nannte sich »Die Gemeinschaft der Odenwaldschule«. Das Projekt wurde behördlich genehmigt. Paul Geheeb kommentierte in einem Brief vom 19. Februar 1934: »Ich bin gegen diese neue Sache ja äußerst skeptisch, sehe unüberwindliche pädagogisch-organisatorische und wirtschaftliche Schwierigkeiten, würde mich aber natürlich außerordentlich freuen, wenn etwas Schönes zustande käme.«[10]

Schon seit den frühen Märztagen des Jahres 1933 waren die Repressionen heftiger geworden. Polizisten waren in die Schule eingedrungen, hatten Korrespondenzen und Bibliotheken durchwühlt, den Schwager Geheebs und andere jüdische Mitarbeiter zusammengeschlagen, antisemitische Hetzparolen gerufen und die Schule als Brutstätte des Kommunismus beschimpft. Da ähnliche Übergriffe aus dem ganzen Reich gemeldet wurden, sahen Paul und Edith Geheeb, die Jüdin war, weder eine Chance für ihre Schule noch für ihre eigene Existenz in Deutschland.

Im Frühjahr 1934 verlassen sie Deutschland und emigrieren in die Schweiz. Hier übernimmt Geheeb die Leitung einer neuen Schule, das Institut Monnier in Versoix bei Genf. 1940 gründet er eine Schule in Lac-Noir, im Schweizer Jura. 1946 erfolgt der Umzug ins Berner Oberland, in das reizvoll gelegene Goldern, wo er die *Ecole d'Humanité* ins Leben ruft. Hier versucht er bis zu seinem Tode im Jahre 1961, die Idee einer brüderlichen Menschheit zu verwirklichen. Obwohl die Odenwaldschule bereits einen relativ hohen Anteil an ausländischen Schülern beherbergte, sah er sie rückblickend doch eher als deutsche Schule an. Die persönlichen, politischen und sozialen Erfahrungen, die Paul Geheeb durchlebt hatte, legten jetzt ein Konzept nahe, das noch deutlicher die Internationalität, die Gleichheit aller Kulturen und Rassen propagierte.[11]

Paul Geheeb und das »Mysterium der wahren Erziehung«

Schüler, Kollegen und Zeitgenossen, die den Erfolg der Odenwaldschule zu ergründen versuchten, kamen früher oder später zu der Einsicht, dass es weder ein restlos durchdachtes Konzept gewesen sei noch ein besonders origineller Ansatz, mit dem Geheeb seine Schule auf den Weg gebracht hatte. Als am konsequentesten durchdacht gelten allenfalls Geheebs Gedanken zur Koedukation; viele seiner anderen Ideen brachte er jedoch weniger ausführlich zu Papier, oft nur in aphoristischer Form. Und was seine Methoden, Prinzipien oder Überlegungen zur praktischen Arbeit, zur Schulraumgestaltung, zum sozialen Zusammenleben und zum gemeinsamen Planen anging, so finden sich ähnliche Gedanken bei manchem Pädagogen der Schul- und Erziehungsreform nach 1900. Geheeb selbst hat nie verheimlicht, wer ihn beeinflusst hat. Es waren unter anderem Georg Kerschensteiner und Adolphe Ferrière. Nein, weder das Erziehungsziel noch die Methoden und Verfahrensweisen erklären den Erfolg, den viele Menschen in der Odenwaldschule und später in der Ecole d'Humanité bewundert haben. Die Wirkung dieser Schulen war zu ihrer Zeit nur durch die Präsenz ihres Gründers, durch die einzigartige Persönlichkeit Paul Geheebs, zu verstehen. Die Verehrung und Hochachtung, die ihm entgegengebracht wurde, dokumentiert sich nicht nur in zahlreichen Briefen ehemaliger Schüler, nicht nur in Festreden und Jubiläumsschriften, sondern auch in Versuchen, die Odenwaldschule zu beschreiben und zu analysieren. Mitunter gerät der Gründer geradezu zu einer Gestalt mit mystischen Zügen, zu einer Figur der Vorsehung. So etwa bei Elisabeth Huguenin in ihrem Versuch über die Odenwaldschule:

»Der Gründer der Odenwaldschule ist ihr wahrer Leiter. Nicht weil er von Rechts wegen ihr Direktor ist, sondern weil er die Autorität besitzt, die eine bedeutende Persönlichkeit verleiht. Obgleich er wie der kleinste Kamerad nur über eine Stimme verfügt, sind seine Ansichten bei den Beratungen der Schulgemeinde ausschlaggebend infolge des Vertrauens und der Zuneigung, die er bei denen zu erwecken weiß, die in seiner Nähe leben. Kinder und Erwachsene wissen, daß sie sich seiner Weisheit und Güte anvertrauen dürfen. Ohne zu übertreiben, darf ich die Rolle Geheebs in seiner Schule mit dem Wort ›Vorsehung‹ kennzeichnen, der Vorsehung, die über das Wohl und Glück aller wacht. Ich liebe keine Übertreibungen, aber wenn ich die lärmende Art, in der sich die Tätigkeit der meisten Menschen äußert, mit dieser stillen Tätigkeit, die sich noch in der Abwesenheit kundgibt, vergleiche, so kann ich nicht umhin zu denken, daß so das schöpferische Prinzip überall verfährt, wo es Leben weckt. In dieser geheimnisvollen Tätigkeit, die den tiefsten Tiefen der Persönlichkeit entspringt, um zu den Quellen eines anderen Wesens vorzudringen, liegt das Mysterium der wahren Erziehung.«[12]

Sicherlich war Paul Geheeb eine bemerkenswerte und überragende Persönlichkeit. Aber wir haben es nicht mit einem unfassbaren Phänomen zu tun. Die Frage nach der Entwicklung eines Menschen, der im Laufe eines langen Lebens so viele Zeitgenossen, Kinder, Jugendliche und Erwachsene, in seinen Bann geschlagen hat, ist besonders interessant. Daher sollen an dieser Stelle die Lebensstationen Geheebs nachgezeichnet werden, die er durchlief, bevor er die Odenwaldschule gründete.

Paul Geheeb wurde am 10. Oktober 1870 in Geisa, einem kleinen Ort in der Rhön, geboren. Die turbulenten kriegerischen Auseinandersetzungen Deutschlands mit Frankreich, der Sieg und die Reichsgründung hatten wenig Auswirkungen auf dieses Ereignis im elterlichen Hause, ebenso wenig, wie die Industrialisierung, das Erstarken der Sozialdemokratie und anderer sozialer Bewegungen das Leben des Kindes Paul Geheeb berührten. In Geisa besucht er bis zu seinem zwölften Lebensjahr die evangelische Schule. Dann wechselt er auf das Gymnasium in Fulda, wo er ein unauffälliger »normaler« Gymnasiast ist. Die große Krise seines Lebens steht nicht in Beziehung zur Schule, sondern zur Familie. Als seine Mutter 1884 an Krebs stirbt, bricht für den Vierzehnjährigen eine Welt zusammen. Noch wenige Jahre vor seinem Tod bezeichnet Geheeb den Tod seiner Mutter als »die größte Katastrophe meines katastrophenreichen Lebens«.[13] 1886 wechselt Geheeb auf das Gymnasium in Eisenach, wo er 1889 das Abitur ablegt. Zunächst an den Naturwissenschaften interessiert, entschließt er sich zum Studium der Theologie (an der Universität Gießen), das er neben dem einjährigen freiwilligen Militärdienst aufnimmt. Im Jahre 1890 wechselt er an die Berliner Universität und ist begeistert von der großen Stadt und seinem Theologieprofessor Otto Pfleiderer. Die Mitgliedschaft in einer studentischen Verbindung (Neogermania) gibt er nach wenigen Monaten wieder auf, abgestoßen vom nationalen Getöse und dem Sauf- und Karriereverhalten der Kommilitonen. Er wird zum aktiven Gegner der Burschenschaften und widmet seine Kraft fortan der Abstinenzlerbewegung. Um sich intensiver dem Studium widmen zu können, geht er im Sommer 1891 zunächst für ein Semester an die Universität Jena, wo die Ablenkungen nicht so groß sind wie in Berlin. Von 1892–93 intensiviert er hier seine Studien und schließt sie mit dem ersten theologischen Staatsexamen ab. Wer gehofft hatte, der junge Theologe werde nun in den gesicherten kirchlichen Dienst eintreten, wurde enttäuscht. Zu groß waren andere Eindrücke, die der junge Student in Berlin empfangen hatte. Sie hatten weniger mit Theologie als mit den sozialen Bewegungen zu tun. Schon während des ersten Aufenthaltes wird er sensibel für das Alkoholproblem vieler Zeitgenossen. Geheeb sieht den verhängnisvollen Kreislauf, in den viele Menschen geraten, was ihm am sichtbarsten in den sozial schwachen Schichten erscheint. Geheeb nimmt Kontakt mit dem renommierten Schweizer Psychiater und Sozialreformer Auguste Forel auf und engagiert sich in der deutschen Sektion des *Internationalen Vereins zur Bekämpfung des Alkoholgenusses*, im Guttemplerorden und anderen Organisationen. Geheeb ist den Überzeugungen seiner frühen Studienzeit bis zu seinem Tod treu geblieben. Ob diese Festigkeit allein aus der Beobachtung der verhängnisvollen Folgen im Arbeitermilieu zu erklären ist oder ob sich in dieser Haltung auch persönliche Ängste und Befürchtungen niedergeschlagen haben, muss offen bleiben.

Neben der Tätigkeit in der Abstinenzlerbewegung beschäftigte Geheeb schon früh die Frauenfrage. Schon in seiner kurzen Zeit als Verbindungsstudent nahm er Anstoß an den Frauen verachtenden Einstellungen und Verhaltensweisen, die seine Kommilitonen zeigten. Entscheidend für sein weiteres Engagement wird jedoch die Begegnung mit Minna Cauer, der führenden Vertreterin des »linken« Flügels innerhalb der bürgerlichen Frauenbewegung. Ab 1893 gab sie die Verbandszeitschrift *Frauenwohl* heraus. Der radikale Flügel der bürgerlichen Frauenbewegung befasste sich ausgangs des Jahrhunderts zunehmend mit Fragen, die über die Mädchen- und Frauenbildung hinausgingen. Man verstand die Arbeit politisch, diskutierte das Bürgerliche Gesetzbuch, forderte das Frauenstimmrecht und die Reform der Ehegesetzgebung.

Minna Cauer und Paul Geheeb verband nicht nur das Engagement für die Frauenfrage, sondern sie fühlten sich auch menschlich stark verbunden. Es scheint, dass Geheeb in der 29 Jahre älteren Frau seine Mutter wiedergefunden zu haben glaubt; Minna Cauer sieht in Geheeb ihren früh verlorenen Sohn. Viele Jahre arbeiten sie sehr intensiv zusammen, verbringen freie Zeit und Urlaube gemeinsam. Nach der Trennung Geheebs von Minna Cauer lässt sein aktives Engagement für die Frauenbewegung zwar nach, das Bewusstsein für die akute Benachteiligung des weiblichen Geschlechts, oder besser: die Einsicht, dass sich das Menschsein nur auf der Basis einer umfassenden Geschlechtergemeinschaft positiv entfalten kann, bleibt jedoch in seinem Engagement für die Koedukation lebenslang bestehen.

Durch Minna Cauer kam Paul Geheeb auch mit einer anderen sozialen Bewegung in Kontakt, die von dem Offizier Moritz von Egidy gegründet worden war. In seiner Schrift *Ernste Gedanken* und in anderen Publikationen trat er für ein angewandtes aktives Christentum ein. Die herrschenden kirchlichen und religiösen Gepflogenheiten kamen dabei schlecht weg. Nach seiner Entlassung aus dem Militärdienst ließ sich Egidy mit seiner Familie in Berlin nieder, wo er ständig einen großen Kreis von Besuchern empfing. Zu diesem Kreis stieß Geheeb und war von den Gedanken

Egidys ebenso angetan wie von der Person des ehemaligen Offiziers. Geheeb sieht Verbindungslinien zwischen den humanen Ideen Egidys und den Forderungen der Sozialdemokraten. Ein Versuch, die beiden sozialen Bewegungen zur Zusammenarbeit anzuregen, wird von August Bebel jedoch zurückgewiesen. Zu reaktionär erscheinen Bebel die Versuche Egidys, die Religion neu zu beleben, sei es doch die große Hoffnung des Bürgertums, die ins Wanken geratenen Verhältnisse in Kirche und Religion wieder zu stabilisieren.

Die beruflichen Tätigkeiten Geheebs weisen bereits früh sein pädagogisches Interesse aus. Zunächst arbeitet er in Jena in der Anstalt von Johannes Trüper, in der psychisch kranke Kinder betreut und erzogen werden, anschließend ist er zwei Jahre lang Hauslehrer. Nebenher setzt er seine Studien an der Universität Jena fort und besteht dort 1899 das Oberlehrerexamen. Mehrere Monate arbeitet er in einer Buchbinderei und in einer Schreinerei; die Idee, in einem Landschulheim mit Werkstätten zu arbeiten, scheint sich hier zu konkretisieren. Entscheidende Anregungen kamen von seinem Studienfreund Hermann Lietz.

Haubinda, Wickersdorf und Oberhambach

Hermann Lietz und Paul Geheeb hatten sich im pädagogischen Seminar der Universität Jena kennen gelernt. Der Bauernsohn von der Insel Rügen hatte 1891 bei Rudolf Eucken promoviert. Nach seinen Studien an der Übungsschule Wilhelm Reins, den er als guten

Lehrer schätzte, ging Lietz 1896/97 nach Abbotsholme (England). Hier, an der südwestlichen Grenze von Derbyshire, hatte Cecil Reddies 1889 das erste englische Landschulheim gegründet. Der Aufenthalt in Abbotsholme war für Lietz der letzte Anstoß, ein eigenes Heim zu gründen. Nach seiner Rückkehr aus England verfasst er seine erste Schrift mit dem Titel *Emlohstobba* – dem Anagramm von Abbotsholme. Es ist sein Schulprogramm. Bei der Abfassung hilft der Studienfreund Paul Geheeb. Ein Jahr später ist es dann soweit. Hermann Lietz eröffnet das erste Landerziehungsheim Deutschlands in Ilsenburg (Harz). Zu einer Zusammenarbeit mit Geheeb kommt es aber erst im Jahre 1902 in Haubinda in Thüringen.[14]

Das stattliche Gebäude in Haubinda, in dem das zweite Landerziehungsheim untergebracht war, inmitten einer ruhigen, harmonischen Landschaft, stand so recht im Gegensatz zur inneren Betriebsamkeit, die Lietz, seine engsten Mitarbeiter und zahlreiche Handwerker entwickelten. Die Schule befand sich noch mitten im Aufbau, die Unruhe muss erheblich gewesen sein und dürfte sich auch auf die Schüler übertragen haben. Geheeb, der unter ihnen lebt, fühlt sich nicht wohl. Lietz schickt ihn nach Abbotsholme, aber auch hier findet Geheeb nicht zu sich. Er kehrt bald zurück, ist jedoch weiterhin überfordert, nicht zuletzt durch Probleme mit der Gesundheit. Als der rastlose Hermann Lietz 1904 eine weitere Neugründung vornimmt (Schloss Bieberstein in der Rhön) und in diese Schule übersiedelt, übernimmt Paul Geheeb die Leitung in Haubinda. Nur zwei Jahre später kommt es zur endgültigen Trennung von Lietz. Neben vielen programmatischen Differenzen waren es wohl in erster Linie die unterschiedlichen Temperamente, die den «Aktivisten» Lietz von dem in sich ruhenden, kontemplativen Geheeb entfernten und letztlich trennten. Geheeb ist nun fest entschlossen, eine eigene Schule zu gründen. Dass er sich – nach den schlechten Erfahrungen mit Lietz – nunmehr mit einem Pädagogen verband, der sich nicht nur temperamentsmäßig, sondern auch in seinen pädagogischen Vorstellungen und Zielen stark von ihm unterschied, war für Außenstehende schwer verständlich. Sein Partner für die eigene Schulgründung ist Gustav Wyneken, mit dem er bereits in Haubinda zusammengearbeitet hatte. Die Gründung geht rasch vonstatten. Noch im selben Jahr, in dem beide Haubinda verließen, erhielt Geheeb die Genehmigung, in Wickersdorf/Thüringen, unweit von Saalfeld, ein Landschulheim einzurichten. Die Einrichtung der *Schulgemeinde* als das Zentrum der Schule ist bereits eine Vorwegnahme der Institution, die auch im Leben der Odenwaldschule zum Mittelpunkt werden sollte. Der Schulalltag verlief zunächst harmonisch und ohne größere Konflikte, ganz anders dagegen Geheebs Privatleben: Seine Gesundheit ist instabil, und seine Ehe – er hatte 1906 seine Mitarbeiterin Helene Merck geheiratet – scheitert schon nach kurzer Zeit. Ende des Jahres 1907 kommt es schließlich zum Konflikt mit Wyneken, – später als allgemein erwartet, dafür aber umso nachhaltiger und erbitterter. Es kommt zum Bruch zwischen den beiden und zur Auflösung der Schule.[15]

Zwei Fakten kann Geheeb jedoch als positiv verbuchen. Die ersten eineinhalb Jahre des verheißungsvollen Aufstiegs der Freien Schulgemeinde Wickersdorf geben ihm die Gewissheit, dass sein Erziehungsmodell prinzipiell möglich ist. Er fühlt sich ermutigt, noch einmal eine Schule zu gründen, noch einmal den Versuch zu machen, ein Landerziehungsheim zu schaffen, in dem er – ungestört von Mitarbeitern – sein Konzept verwirklichen kann. Diese Ermutigung ist das eine positive Erlebnis. Das andere ist »privater Natur«. Im März 1908 kommt eine junge Praktikantin aus Berlin nach Wickersdorf, die die Partnerin seines Lebens werden sollte: Edith Cassirer, Tochter aus großbürgerlichem Hause. Ermöglicht hatte die Verbindung Alice Salomon, die Paul Geheeb noch aus Berliner Zeiten kannte. Alice Salomon war eine führende Kraft der Frauenbewegung, die sich für die Beschäftigung von Mädchen und Frauen in der Sozialarbeit einsetzte. Sie war Mitbegründerin und Leiterin der ersten sozialen Frauenschule in Berlin und kannte die Familie Cassirer und besonders die junge Edith, die Schwierigkeiten hatte, die überlieferte Rolle der Frau anzunehmen. Alice Salomon war über die Freie Schulgemeinde Wickersdorf informiert und schlug Edith Cassirer vor, dort als Praktikantin zu wirken. Das sei eine gute Möglichkeit, sich in soziale Probleme einzuarbeiten und gleichzeitig Abstand zum Elternhaus zu gewinnen. Das ging natürlich nicht ohne die Zustimmung der Eltern, und besonders des »patriarchalischen«, aber liebevoll besorgten Vaters, dem Stadtrat und Fabrikanten Max Cassirer. Bevor dieser seine Zustimmung gab, reiste er selbst nach Wickersdorf, wohnte dort einige Tage, beobachtete die Verhältnisse, sprach mit Geheeb und seinen Mitarbeitern und sagte schließlich zu. Im März 1908 trifft Edith Cassirer in Wickersdorf ein. Das ist die Zeit, in der die produktive, harmonische Phase der Anstalt langsam, aber sicher dem Ende zugeht. Die Spannungen zwischen Geheeb und Wyneken nehmen kontinuierlich zu, und auch die junge Edith Cassirer gerät zwischen die Fronten.

Trotz der angespannten Lage kann sich ihre Zuneigung entwickeln. Dennoch gibt es Unsicherheit und Zweifel: Allzu ungleich ist das Paar – jedenfalls für bürgerliche Vorstellungen. Hier die wohl behütete Fabrikantentochter, dort der in ungesicherten ökonomischen Verhältnissen lebende Pädagoge, der mit seinen 38 Jahren fünfzehn Jahre älter ist als Edith. Und dann die Frage nach seiner Gesundheit! Dem Vater Cassirer machte der strapazierte Lehrer und Schulleiter in Wickersdorf eher einen kränklichen Eindruck. War Geheeb möglicherweise sogar erblich belastet? Immerhin wurde sein Vater in einer Nervenheilanstalt stationär behandelt. Schließlich ein Einwand, der um 1900 nicht genug beachtet werden konnte: Dieser Mann war soeben erst geschieden worden. Wahrlich eine Reihe von Gründen, die die Eheleute Cassirer, Vertreter einer sehr angesehenen Berliner Familie, skeptisch stimmen mussten.

Im April 1909 reist Paul Geheeb schließlich nach Berlin, bittet im Hause Cassirer um Audienz und hält um die Hand der Tochter Edith an. Sein Antrag wird verhalten aufgenommen. Trotz schwerster Bedenken stimmen die Eltern endlich zu. Mehr noch: Sie interessieren sich für das Projekt des Schwiegersohns, eine eigene Schule zu gründen. Als Geheeb in Oberhambach ein geeignetes Haus findet, kauft der Stadtrat Cassirer nicht nur das Gebäude, sondern lässt es auch renovieren und umbauen. Zwei Jahre später finanziert er den Bau mehrerer neuer Häuser. Bereits am 17. April 1910 ist es so weit: Die Odenwaldschule kann ihre Tore öffnen!

Anmerkungen

1 Paul Geheeb im ersten Prospekt der Odenwaldschule. 3. Aufl., Oberhambach 1911. Zit. nach: Schäfer, Walter: Die Odenwaldschule 1910–1960. Der Weg einer freien Schule. Oberhambach über Heppenheim 1960, S. 6 (= Schriftenreihe der Odenwaldschule. Band 1).
2 Geheeb zur Eröffnung der Odenwaldschule. Ebd., S. 74.
3 Geheeb, Paul: Koedukation als Grundlage der Erziehung. In: Das Landerziehungsheim. Leipzig 1926, S. 110ff. Zit. nach: Schäfer: Die Odenwaldschule, a.a.O., S. 25.
4 Paul Geheeb, in: Pädagogische Warte, Heft 12 vom 15.6.1931, S. 2. Zit. nach: Schäfer: Die Odenwaldschule, a.a.O., S. 26.
5 Geheeb, Paul: Die kulturelle Bedeutung der Koedukation. In: Pädagogische Warte 1931. Zit. nach: Schäfer: Die Odenwaldschule, a.a.O., S. 26.
6 Siehe zu dieser Problematik Glumpler, Edith (Hg.): Koedukation. Entwicklungen und Perspektiven. Bad Heilbrunn 1994.
7 Vgl. Schäfer: Die Odenwaldschule, a.a.O., S. 29.
8 Vgl. ebd., S. 34.
9 Vgl. Mayer, Peter, in: Der neue Waldkauz (1928), S. 28. Zit. nach ebd., S. 42.
10 Zit. nach ebd., S. 51. Siehe hierzu auch Geheeb, Paul:

Briefe. Mensch und Idee in Selbstzeugnissen. Hg. von Walter Schäfer. Stuttgart 1970, S. 144ff.
11 Vgl. Paul Geheeb in einem Vortrag, gehalten in der pädagogischen Vereinigung des Lehrervereins Zürich. Zit. nach Schäfer: Die Odenwaldschule, a.a.O., S. 57.
12 Huguenin, Elisabeth: Die Odenwaldschule. Weimar 1926, S. 7.
13 Näf, Martin: Paul Geheeb. Seine Entwicklung bis zur Gründung der Odenwaldschule. Weinheim 1998, S. 66.
14 Vgl. ebd., S. 251f.
15 Vgl. ebd., S. 323ff.

Peter Petersen
und der Jena-Plan

»Die neupädagogische Bewegung drängte
auch in Deutschland immer stärker
zu einer Fortführung, ja zu einem Neubau
der bisherigen ›Unterrichtslehre‹.
Denn es ist nicht mehr in erster Linie
der Unterricht im engeren Sinne, der Schultag
und Schuljahr ausfüllt ... Von allen Seiten ist das *Leben*
in die Schulhäuser hineingedrungen ...«
PETER PETERSEN

Vom Bauernhof zur Universität

Peter Petersen wurde am 26. Juni 1884 im Dorf Großenwiehe bei Flensburg geboren. Hier bewirtschaftete sein Vater einen kleinen Bauernhof, der seit über zweihundert Jahren im Besitz der Sippe Petersen war. Peter war der älteste Sohn, sechs Geschwister folgten. Nach Brauch und Gesetz hätte dem Erstgeborenen die Übernahme des Hofes zugestanden. Der Lebensweg Peter Petersens führte jedoch hinaus aus dem kleinen Ort in die »große Welt« des Geistes und der Universitäten. In der einklassigen Dorfschule Großenwiehe wird die außergewöhnliche Begabung des Jungen schnell erkannt; er nimmt nebenher Lateinstunden beim Dorfpastor und kann somit nach fünfjährigem Schulbesuch der Dorfschule 1896 ins Flensburger Gymnasium überwechseln. Im Gegensatz zu seiner Grundschulzeit, über die sich Petersen häufig geäußert hat, ist über seine Gymnasialzeit wenig bekannt. Es scheint, dass sich in diesem biographischen Moment bereits der Schwerpunkt seiner späteren Arbeit dokumentiert, der im Bereich der Volksschule liegen sollte.

Als guter Abiturient schließt er jedoch seine Studien ab und widmet sich zunächst ganz der Wissenschaft. Schwerpunkte seines Studiums sind Philosophie, Geschichte, evangelische Theologie und Englisch. Leipzig wählt er als ersten Studienort, um sich vom Elternhaus und den Mitschülern, die es wohl überwiegend nach Kiel und Hamburg zieht, abzunabeln. Es gab freilich auch gewichtige fachliche Argumente für diese Entscheidung, lehrten an der Leipziger Alma Mater doch so bedeutende Professoren wie Wilhelm Wundt (Psychologie und Philosophie) oder der Historiker Karl Lamprecht. Beide Wissenschaftler sollten einen entscheidenden Einfluss auf den jungen Peter Petersen gewinnen: Wilhelm Wundt durch seine empirische Durchdringung der Psychologie, Karl Lamprecht durch den sozialwissenschaftlichen und kulturhistorischen Ansatz seiner Geschichtswissenschaft. Im Jahre 1906 setzt Petersen sein Studium für drei Semester an der Universität Kiel fort, 1908 promoviert er in Jena. Nach einer kurzen Überbrückungszeit als Hilfslehrer in Leipzig erfolgt seine Einstellung als Oberlehrer an dem traditionsreichen *Johanneum* in Hamburg. Elf Jahre ist er an dieser Gelehrtenschule tätig. Im Jahre 1920 verschiebt sich sein Wirkungsort räumlich nur um wenige hundert Meter. Gleichfalls in Hamburg-Winterhude, wo sich das Johanneum befindet, wird eine Reformschule fertig gestellt, die den Namen eines berühmten Erneuerers des Kunstunterrichts erhält: die *Lichtwarkschule*. Während seiner Hamburger Zeit qualifizierte Petersen sich mit einer Reihe von empirischen Arbeiten, meist psychologisch-pädagogischen Inhalts. Hier kam es auch zu einer Zusammenarbeit mit einem Pionier der empirischen Pädagogik, Ernst Meumann, der gleichfalls ein Schüler Wilhelm Wundts gewesen war. Auch schulpolitisch trat Petersen hervor, sodass er schon 1912 – zusammen mit Georg Kerschensteiner – in den Vorstand des *Deutschen Bundes für Schulreform* gewählt wurde. Im Jahre 1920 erfolgte seine Habilitation an der Universität Hamburg für Philosophie und Pädagogik. Das Thema seiner Arbeit lautete *Geschichte der Aristotelischen Philosophie im protestantischen Deutschland*. Nach weiteren drei Jahren gibt Petersen die Schulleitung auf. Er folgt einem Ruf an die Universität Jena. Dieser Wechsel bedeutet für ihn jedoch nicht die Verabschiedung von der Schulpraxis. Der Lehrstuhl, den er in Jena übernimmt, war bereits durch die Vorgänger Karl Volkmar Stoy und Wilhelm Rein mit einer Versuchs- und Übungsschule verbunden worden. Das Lehramtsstudium in Jena lief nicht nur über Vorlesungen und Seminare, sondern auch über die Praxis der »universitätseigenen« Schule. Petersen baute diese vorhandenen Institutionen aus, erweiterte sie und füllte sie mit neuen Inhalten. Gleichzeitig intensivierte er das Forschungsprogramm. So kam es zu einer einzigartigen Verbindung von Studieren, Unterrichten, Lernen und Forschen. Ein Modell, das international Interesse erregte. Petersen erlebte eine außerordentliche Breitenwirkung seiner Arbeit, fand weltweit Anerkennung und konnte eine große Schar in- und ausländischer Schüler für seine Ideen gewinnen.

Pädagogische Tatsachenforschung und neue Erziehungsgemeinschaft

Das Werk Peter Petersens ist unter zwei Gesichtspunkten besonders bemerkenswert. Als Erziehungswissenschaftler hat er zusammen mit seiner Ehefrau und engsten Mitarbeiterin Else Petersen das Konzept der *Pädagogischen Tatsachenforschung* entwickelt und damit das methodische Instrumentarium der Disziplin erheblich erweitert. Im Bereich der Unterrichtspraxis schuf er durch seine Versuchsschule nach dem *Jena-Plan* ein Modell, das bis in die Gegenwart hinein Anregungen für alternatives Unterrichten und Lernen gibt.

Was die Methodik der Erziehungswissenschaft angeht, so stand diese Disziplin, die sich erst zu Beginn des achtzehnten Jahrhunderts als eigenständiger Bereich zu etablieren begann, lange Zeit unter dem starken Einfluss ihrer beiden Mutterwissenschaften Theologie und Philosophie. Die so genannte geisteswissenschaftliche Pädagogik hatte mit empirischen und experimentellen Fragen wenig im Sinn. Erst um 1900 begannen August Wilhelm Lay (1862–1926) und der bereits erwähnte Ernst Meumann (1862–1915), Methoden aus der empirischen Psychologie auf die Pädagogik zu übertragen. Diese beiden Pioniere wollten in Versuchsschulen und pädagogischen Laboratorien die Gesetzmäßigkeiten des Lehrens und Lernens erforschen; der Einsatz von Medien, Methoden, von Büchern und Arbeitsmitteln sollte nicht dem Zufall überlassen bleiben, sondern gezielt und unter Erforschung der Unterrichts- und Lernergebnisse erfolgen. *Experimentelle Pädagogik* nannten sie ihren Ansatz, und so lautete auch der Titel der Zeitschrift, die Lay und Meumann herausgaben und in der sie ihre Forschungen veröffentlichten. Peter Petersen knüpfte an diesen Forschungszweig an. Zusammen mit Else Petersen entwickelte er Verfahrensweisen zur Erforschung des Unterrichts, um aus den Ergebnissen Schlüsse zu ziehen, die auf weitere Lehr- und Lernsituationen angewandt werden könnten. Zunächst blieben die Arbeiten dem Lehrer aus Leipzig, Wilhelm Wundt, verpflichtet, d.h. es ging zunächst um die *psychologische Forschung in der pädagogischen Situation*. Bald wurde jedoch der Begriff der *pädagogischen Tatsachenforschung* erheblich erweitert und zu einer umfassenden Unterrichtsforschung ausgestaltet. Sie hatte im Wesentlichen zwei Funktionen. Sie diente innerhalb der Studiengänge als Mittel zur Bildung der Erzieher, und sie war das Mittel der Erkenntnisgewinnung. Die Petersens erprobten im Laufe der Jahre zahlreiche methodische Verfahrensweisen, von der Datenaufnahme bis zum Verwertungsverfahren und den Darstellungsarten.[1] Wenn auch die empirische Forschung in der Erziehungswissenschaft nach 1945 einen ganz anderen Weg eingeschlagen hat, so bleibt die Pionierleistung der Petersens doch beachtlich.[2] Unbestritten sind auch Peter Petersens Verdienste um die Entwicklung der Schulpädagogik. Seine Schule nach dem *Jena-Plan* fußte auf einem Konzept, das sich deutlich von der überlieferten Schule abhob. Als Ausgangsfrage für den *Jenaplan einer freien allgemeinen Volksschule* formulierte Petersen die Frage

»Wie muß diejenige Erziehungsgemeinschaft gestaltet werden, in welcher sich ein Menschenkind die beste Bildung erwerben kann, d.h. eine Bildung, die seinem, in ihm angelegten und treibenden Bildungsdrange angemessen ist, die ihm innerhalb dieser Gemeinschaft vermittelt wird und die es reicher, wertvoller zur größeren Gemeinschaft zurückführt und dieser als tätiges Glied wiederum übergibt? Oder kürzer: Wie soll die Erziehungsgemeinschaft beschaffen sein, in der und durch die ein Mensch seine Individualität zur Persönlichkeit vollenden kann.«[3]

Diese Frage bedeutete mehr als die Reflexion über die eine oder die andere geeignete Methode. Sie war die Suche nach dem Ganzen des Schullebens, die Frage nach dem nicht teilbaren Ethos der Erziehung, nach dem Gemeinschaftsleben einer Schule, aus dem heraus die einzelnen pädagogischen Maßnahmen wirksam werden.

Die Rolle der Gemeinschaft

Petersen legte den Gemeinschaftsgedanken seiner gesamten Schulpädagogik zugrunde. »Die Idee der Gemeinschaft wird oberste, alles Geschehen innerhalb der Schulgemeinde letzthin normierende Idee.«[4] In der Gemeinschaft ordnen sich die Mitglieder in freier

Entscheidung einer geistigen Idee unter. Diese gemeinsame Idee vereinigt die Mitglieder – egal, wie unterschiedlich Intelligenz, Begabung oder die speziellen Fähigkeiten der Mitglieder auch sein mögen. In dieser Gemeinschaft ist stets der ganze Mensch gefragt. Immer wird sein ganzer Einsatz erwartet, nicht nur eine bestimmte Fähigkeit des Kopfes oder der Hand. Hierdurch unterscheidet sich die Gemeinschaft von der überlieferten Schulklasse. Das zwischenmenschliche Geschehen erhält einen Stellenwert, den es in der traditionellen Lernklasse nie gehabt hat. Petersen forderte eine *Menschenschule* im Sinne Pestalozzis, eine Schule der Charakterbildung, aus der dann der »volkgebundene freie Mensch« hervorgehen sollte. Vor allen Dingen vier Momente unterscheiden die Jena-Plan-Schule von der überlieferten Lernschule:

- Die Organisation der SchülerInnen findet nicht mehr im Klassenverband statt, sondern wird abgelöst durch *jahrgangsübergreifende Stammgruppen;*
- der Stundenplan wird abgeschafft. An seine Stelle tritt der *Wochenarbeitsplan;*
- an die Stelle des Klassenzimmers tritt ein Gruppenraum, der im Sinne Pestalozzis zur *Schulwohnstube* ausgestaltet wird, und
- die traditionellen Leistungsbenotungen werden abgeschafft. Neue Formen der Leistungsbeurteilung nehmen den Platz der Benotung ein.

Die *Stammgruppen* fassen nach dem Jena-Plan zwei oder drei Jahrgänge zusammen. Petersens Universitätsschule hatte folgende Gruppen:

Untergruppe: 1.-3. Schuljahr;
Mittelgruppe: 4.-6. Schuljahr;
Obergruppe: 7.-8. Schuljahr;
Jugendlichengruppe: 9.-10. Schuljahr.

Die Einrichtung der Stammgruppen war die Konsequenz aus dem »Bankrott der Jahrgangsklasse«. Diese habe stets vorrangig dem Ausleseprinzip gehuldigt, mit dem es von Jahr zu Jahr, von Versetzung zu Versetzung bzw. von Nichtversetzung zu Nichtversetzung die »guten« von den »schlechten« Schülern getrennt habe. Für Petersen ist es das Wichtigste, die unterschiedlichen Begabungen zusammenzuhalten. Ein paar Zahlen mögen die hohe Relevanz der Forderung belegen. Im Schuljahr 1910/1911 wurden nur 45 % der SchülerInnen aus der (achten) Abschlussklasse entlassen; über die Hälfte war irgendwann im Laufe der Schulzeit ein- oder mehrmals sitzen geblieben. Ähnliche Ergebnisse zeitigten die Auslesemechanismen an der Oberschule. Seit 1890 schaffte nur jeder fünfte Oberschüler das Abitur. Petersen stellte diesem Auslesesystem sein pädagogisches Alternativkonzept entgegen. Statt die Volksschulen auszupowern, sollten die unterschiedlich begabten Schüler so lange wie möglich zusammenbleiben. Petersen schloss die so genannten *Hilfsschüler* ausdrücklich mit ein. Schwachbegabte, Begabte und Hochbegabte sollten gemeinsam lernen, sich gegenseitig in der Gemeinschaft erziehen. Je stärker die soziale Mischung in der Schülerschaft sei, desto größer seien die Chancen für eine umfassende Gemeinschaftserziehung. Im Gegensatz zur Jahrgangsklasse ist die Stammgruppe eine vergleichsweise dynamische Einrichtung. Sie bestimmt zwar zu einem gut Teil das Schulleben, kann jedoch auch über einen längeren oder kürzeren Zeitraum variabel gehalten werden. Sachinteressen oder Leistungsniveau lassen es durchaus zu, dass besondere Lerngruppen gebildet werden; das geschah besonders in den oberen Klassen.

Weitaus anpassungsfähiger als der Stundenplan erwies sich der *Wochenarbeitsplan*. Er unterschied unter anderem Niveau- und Fachkurse, Gruppenarbeit, Turnen, Pausenturnen, Einschulungs- und Übungskurse, Wahlkurse, Freizeit innerhalb und außerhalb der Schule sowie unterschiedliche Gemeinschaftsformen wie Arbeit im Kreis, freie Arbeit etc.[5] Pädagogische Bezugspunkte dieses Wochenarbeitsplans sind vier Prinzipien, die Petersen als Bildungsgrundformen bezeichnet hat: *Gespräch, Spiel, Arbeit* und *Feier*. Entwicklungspsychologisch gesehen ist das Gespräch die Urform des Lernens. Mit dem Gespräch wird das Kleinkind in die menschliche Gemeinschaft einbezogen. Unermüdlich und kontinuierlich erarbeitet sich das Kind so eine Vorstellung seiner Umgebung. Lange bevor es imstande ist, zu spielen oder sich des sprachlichen Ausdrucks zu bedienen, ist es bereits in der Lage, über die Kommunikation zu begreifen und zu verstehen. Im Bereich der Schule hat das Gespräch im Rahmen der Unterhaltung im Kreis seinen festen Platz. Berichte, Vorträge oder die Aussprache sind unterschiedliche Formen, die im Gesprächskreis regelmäßig gepflegt werden. Nicht zu unterschätzen ist die *Rolle des Spiels*. Petersen sieht es nicht als Gegensatz zur Arbeit, sondern als ein Medium, das direkt zur *Arbeit* hinführt. An der überlieferten Pädagogik kritisiert er, dass die Arbeit einseitig als Grundform des Lernens angesehen worden sei. Dadurch sei insbesondere über die Schularbeit eine unnötige Strenge und Härte verhängt worden, die den SchülerInnen das Lernen erschwert habe. Diese Einseitigkeit wurde durch den Umstand potenziert, dass in der überlieferten Schule die *Feier* »in ihrem echten Sinne« völlig gefehlt habe. Diese Urformen des Lernens – Gespräch, Spiel, Arbeit und Feier – gelte es, neu zu beleben und in der Praxis zu institutionalisieren.

Petersen erkannte früh, dass der *Ausgestaltung des Schulraumes* eine eminente Bedeutung für die soziale und sittliche Erziehung des Kindes zukommt. In der alten Schule war die Erziehung zur Aufmerksamkeit an strenge Verhaltensregeln gekoppelt. Die Schüler sollten ihre Blicke unter Kontrolle halten, den Lehrer ansehen, nicht schwatzen, aufmerksam sein. Das Arrangement der Möbel unterstrich diese Erwartung. Der Lehrer saß hinter dem Pult vor der Klasse, die Tische und Bänke der SchülerInnen waren davor in Reihen aufgestellt. Diszipliniertes Verhalten war auch in der Schule Peter Petersens gefragt. Aber er versuchte sie nicht mit den äußerlichen Mitteln der Dressur zu erreichen, nicht durch wortreiche Ermahnungen und Abtadelungen. Petersen wünschte sich von seinen Schülern eine Arbeitshaltung, die auf einer inneren Ordnung, auf Sammlung und Konzentration, beruhte. An dieser Vorstellung orientierte sich das Konzept der *Schulwohnstube*. Die überlieferten Schulmöbel, Tische und Bänke, wurden verbannt. Tische in Naturfarbe, Hocker und Stühle traten an ihre Stelle. Die Stühle in den unteren Gruppen waren zusammenklappbar, so dass sie leicht zu handhaben waren, wenn der Unterricht nach draußen verlegt wurde. Die Tische sollten keine Haken haben, ohne Schubläden und besondere Schreibplatten sein. Die SchülerInnen sollten sich im Raum frei bewegen; Gegenstände des Wohnens, Bilder, Blumen, Aquarien, Spielzeug mit belehrendem Charakter, Tiere, Puppen, Puppenwagen, Sammlungen oder technisches Spielzeug konnten die Kinder mitbringen und nach einigen Wochen wieder mit nach Hause nehmen. So wird das Klassenzimmer zu einem Raum des Wohnens und der Arbeit. Gefördert wird die Einstellung des Kindes zum Raum dann auch durch systematische Übungen von alltäglichen Handlungen, die das Leben im Schulraum bestimmen.

»Der Zweck ist immer, vom Pädagogen aus gesehen, dieser: das Gefühl zu wecken, ›unsere gemeinsame, auch meine Arbeit gestaltet den Raum, erhält ihn, schmückt ihn. Es ist unsere Stube. Es sind Sachen von mir dort, und zwar für die Kameraden. Meine Sachen werden dort gebraucht, auch der Lehrer freut sich an ihnen und kann manches verwenden.‹ So erlangt alles Eigene an Besitz wie an Fähigkeiten weit größeren Wert, als wenn es zu Hause steht oder getan wird. Denn die Schulstube erhöht den Wert dessen, was man hat, wie dessen, was man kann. Und immer bleibt das Gefühl, unausgesprochen und unbewußt für die Kleinen, an das Erlebnis gebunden: die anderen freuen sich mit, die andern arbeiten auch mit meinen Sachen, die andern helfen mit. Wir erhalten unsern Raum.«[6]

Was die Benotung von Leistungen betraf, so stellte Petersen der traditionellen Praxis eine prononcierte Forderung entgegen: »*Leistungen als Bildungs- und Erziehungsmittel, Leistungskultur, nicht Leistungskult!*«[7] Das überlieferte Leistungsverständnis sei die Ursache dafür, dass das Verhältnis der SchülerInnen zu den LehrerInnen vergiftet sei. Das gesamte Zensuren-, Prüfungs- und Versetzungssystem der Schulen würdige die Leistung auf etwas herab, was nur in Zahlen ausgedrückt werden könne. Sie seien zum Maßstab für die Beurteilung der menschlichen Persönlichkeit des Schülers geworden. Leistungsforderung sei zu einem »Krampf, zu einer Krankheit« geraten. Der gestandene Schulmann sei der Gefangene seiner eigenen Ansprüche. »Ein solcher kann schon auf nichts anderes mehr sehen; ja vom Wesentlichen sieht er dann in der Regel nichts, und unter Neuem versteht er das Alte in neuer Aufmachung.«[8] Trotz dieser heftigen Worte sieht Petersen, dass Leistung prinzipiell sein müsse und dass das Bedürfnis, Leistungen zu erbringen, zum menschlichen Selbstverständnis gehöre. Schon der angeborene Drang des Menschen zur Selbständigkeit beinhalte das Streben nach Fähigkeiten, Kenntnissen und Erfahrungen, die als Leistung gesehen werden müssten. Diese prinzipielle Leistungsbereitschaft sei lange vor der Einschulung gegeben. In jeder Kindergruppe entstehe das Bedürfnis, etwas zu vollbringen, etwas zu leisten, nicht nur auf den Augenblick bezogen, sondern auch auf die Zukunft (»Wenn ich groß bin, dann ...«). Der Unterricht muss sich diese Gegebenheiten zunutze machen. Er muss an den Tätigkeitsdrang der Schüler anschließen, und er muss eine Gruppengemeinschaft gestalten, in der der Wettbewerb nicht ausgeschlossen ist, sondern eine Fülle von Leistungsanreizen bietet, die allen Schülern gerecht wird. Dabei muss besonders der Bewegungstrieb des Kindes berücksichtigt werden. Das ist nicht nur in Bezug zu Bewegungsspielen und Turnen zu verstehen. Die *Gesamtheit der Lebensäußerungen* ist bei der Gestaltung des Unterrichts zu berücksichtigen.

Jeder Unterricht, der nicht durch den Vortrag des Lehrers bestimmt ist, wird von den Schülern tätig begonnen. Sie betreten den Klassenraum, gehen ohne Aufforderung an die Arbeitsmittel, die sie für ihren Kurs benötigen, versammeln sich an der Tafel, der Karte, dem Sandkasten etc. Voraussetzung dafür ist, dass jeder Schüler morgens beim Betreten der Klasse weiß, was heute anliegt und was er zu tun hat. Der Lehrer beobachtet die einzelnen Gruppen, wartet, bis auch die Schwächeren von ihren Mitschülern eingewiesen sind (das gegenseitige Helfen ist ein Grundprinzip dieses Unterrichts) und geht dann von Gruppe zu Gruppe, um seinerseits Hilfestellungen zu leisten. Ein solcher Unterrichtsanfang ist etwas ganz anderes als der lehrerbestimmte Auftakt, bei dem alle SchülerInnen warten, bis der Lehrer sagt, was getan werden muss, und wo überhaupt nichts geschieht, wenn der Lehrer einmal zu spät kommt oder vorübergehend die Klasse verlassen muss.

Noch ein Wort zur gegenseitigen Hilfe: Sie wird durch die Aufhebung der Jahrgangsklasse erleichtert. Dadurch gibt es in jeder Gruppe SchülerInnen, die ein oder zwei Jahre älter sind als die Jüngsten. Die Gemeinschaft hat ein System von *Helfern* und *Paten*, das nicht nur das Lernen erleichtert, sondern auch das soziale Miteinander fördert. In einer solchen Atmosphäre sieht Petersen die Voraussetzung, sachliche, ordentliche und ehrliche Leistungen zu erbringen. Muße, Ruhe, die Liebe zur Sache und Belohnung von solidarischer Hilfe unter den Schülern sollen zu einer *Kultur der Leistung*, nicht zu einem Leistungskult führen. Leistung wird zu einem Erziehungsmittel, das sorgfältig gepflegt wird. Die überlieferte Schule habe die Leistung nicht selten als ein Zucht- und Disziplinierungsmittel missbraucht. Mit dem Zensurenbuch in der Hand seien die Lehrer den Schülern entgegengetreten, hätten abgefragt, bewertet, eingereiht und abgeurteilt. In der Schule des Jena-Plans fragt der Lehrer nicht zuerst, ob der Schüler diesen oder jenen Stoff beherrscht, sondern was er kann und wie er es kann. Die Berücksichtigung der individuellen Leistung hat Vorrang vor der »objektiven« Leistungsmessung. Eine solche Einstellung – so die Erfahrungen in der Schule Peter Petersens – hat ihre Auswirkungen auf die SchülerInnen. Sie erleben deutlicher das Positive ihrer Leistungen. Sie sehen deutlicher das Wachsen ihrer Erkenntnisse und ihren persönlichen Fortschritt, weil die LehrerInnen nicht primär auf die Defizite hinweisen, sondern das Positive betonen. So erlebt – nach Petersen – der Schüler primär das »Werthaltige« und somit die Aufbesserung seiner »Werthaltigkeit«.

»Standen sonst immer der Mangel voran, die ›Fehler‹ und die Schlechtigkeit, so nunmehr das an jedem Wertvolle und Gute. Jeder Schüler erlebt mithin an erster Stelle das Werthaltige, die Steigerung seiner eigenen Werthaltigkeit; und – kann es anders zu einem gesunden Werterleben kommen?«[9]

Pädagogik im Nationalsozialismus

Das »Werthaltige« und die »Werthaltigkeit« – das mutet sprachlich gesehen aus heutiger Sicht recht verworren an; der humane Impuls wird aber dennoch deutlich.

Weitaus problematischer wird es – nicht nur in sprachlicher Hinsicht –, wenn Peter Petersen konkrete Probleme des Schulalltags in eine übergeordnete Reflexion rückt. Da erscheinen Begriffe wie *Volksgenosse*, *Volksgemeinschaft* oder *organische Einheit* – Sprachhülsen, die aus der Zeit des Nationalsozialismus überaus belastet sind. Sie tauchen im Zusammenhang mit der Gestaltung des Unterrichts und des normalen Schulalltags auf. Bevor das Verhältnis der Jena-Plan-Pädagogik zum Nationalsozialismus erörtert wird, soll an dieser Stelle zunächst ein längeres Zitat dokumentiert werden. Es ist eine Überlegung zum Verhältnis von *Ver*ordnungen zu *Vor*ordnungen, mit der Petersen das Konzept des Unterrichts und den Sinn des Schulraumes erläutern will.

»... die illusionsfreie Erziehungswissenschaft, der pädagogische Realismus gehen aus von der konkreten sichtbaren Volksgemeinschaft. Volk ist ›Tateinheit und eine organische Einheit‹. Entsprechend sieht sie auch die Schule, die Schulgemeinde und die einzelne Schulgruppe als eine konkrete Gemeinschaft, nicht liberalistisch als numerische Einheit. Infolgedessen gibt es in ihr niemals jenen Zustand der Freiheit, sondern jeder Einzelne ist fortwährend als ganzer Mensch voll erfaßt, er kann nie in eine private Sphäre flüchten und von dort her gar des Ganzen spotten. All sein Tun und

Denken wird beansprucht, nicht nur soweit, als es geschriebene, gedruckte Gebote und Verbote beanspruchen. Also wird hier wirklich ›sittliches Verhalten‹ gefordert und nicht bloß rechtliches. Ja, ein wertvolles ›Schulleben‹ wird erst in dem Augenblick möglich, wo in den Lehrern, in allen für die Schule mitverantwortlichen Erwachsenen, der letzte Rest des individualistischen Geistes verschwunden ist ... Gehen wir ... nicht von Sachgebieten aus, sondern von lebendigen Menschen, dann ändert sich alles; denn nun wächst aus einer Gemeinschaft ein bestimmtes Recht, eine bestimmte Kultur, entsteht eine bestimmte Sitte. Die vom pädagogischen Realismus bekämpfte Anschauung von Kultur, Recht, Sitte usf. ist zugleich diejenige des Idealismus, der also auch im Felde des Rechts zurückgewiesen wird. Denn es ist ›idealistisch‹, das Reich des Geistigen, die Kultur, zu betrachten als abgelöst vom konkreten Menschen. Der objektive Geist ist danach etwas für sich, ein übergreifender Zusammenhang, der an sich Realität besitzt; der Mensch, vor allem der geniale, kann ihn zum Material seines Denkens und seiner Gestaltungen machen, aber, während er ihn benutzt, muss er – und das ist dann die Lehre von der ›List der Vernunft‹ – ihn vervollkommnen, ihn ›höher entwickeln‹, so daß er doch als Werkzeug des Geistes erscheint.

Die realistische Ansicht lehnt diese Auffassung ab. Es gibt nur Sitte, Recht und Kultur als lebendigen Ausdruck konkreten Gemeinschaftslebens. Es ist immer gerade so viel Sitte und Sittlichkeit, Recht und Kultur da, wie in dieser Gemeinschaft von ihren Gliedern gelebt, in ihrem täglich-stündlichen Verhalten und Denken verwirklicht wird ...

Wo Volksgenossen keine lebenswahren und warmen Beziehungen zum Volke und zum Staate ihres Volkes besitzen, weil diese im Regierungs- und Verwaltungssystem des Staates nicht vorhanden sind und nicht gepflegt werden können, dort häufen sich immer die Elemente der Zersetzung, des Verrats, des Aufruhrs. Und in der Schulwelt ist es keineswegs anders. Hätten dort lebenswahre, warme, menschlich echte und aufrichtige Beziehungen zwischen den Lehrern und Schülern bestanden, ja wäre dies überall als das ganz Selbstverständliche, als das Wesentliche innerhalb unserer Schulen angesehen und danach nach Vermögen gelebt und gehandelt worden, wie hätte es zu dieser weitgehenden Ablehnung der Schule und der Lehrerschaft, zu diesen starken Angriffen auf unser Schulwesen kommen können?«[10]

Das Zitat stammt aus Petersens *Führungslehre des Unterrichts*. Das Buch erschien erstmals 1937, im Jahre 1950 wurde es in der Bundesrepublik in zweiter Auflage auf den Markt gebracht. Die zitierte Textstelle ist in beiden Auflagen identisch. Solche und ähnliche Passagen provozierten in den fünfziger Jahren, spätestens aber mit Beginn der sechziger Jahre, die Frage, wie Petersen es mit dem Nationalsozialismus gehalten habe. Eine Nachfrage war auch deshalb geboten, weil Petersen nach der Machtübernahme 1933 seinen Lehrstuhl behalten konnte, seine Universitätsschule offen blieb und er selbst ungehindert eine rege Öffentlichkeitsarbeit und Vortragstätigkeit im In- und Ausland fortsetzen konnte. Diese Privilegien standen im krassen Gegensatz zum Verhalten der Nazis gegenüber anderen Reformpädagogen, wie etwa zu Paul Geheeb oder gegenüber den Waldorfschulen Rudolf Steiners, die geschlossen werden mussten.

Skeptische Bedenken bezüglich Petersens Verhältnis zum Nationalsozialismus wurden in den fünfziger

Jahren schnell aus dem Kreis seiner zahlreichen Schüler zurückgewiesen. Im »Falle« Petersen war die Abwehr von Kritik auch deshalb einfach, weil Petersen 1948 von den neuen Machthabern Ostdeutschlands als Dekan der neu gegründeten *sozialpädagogischen* Fakultät entlassen und seine Universitätsschule im August 1950 geschlossen wurde. Die Petersen-Schule sei ein reaktionäres bürgerliches Relikt und mit den Erziehungsaufgaben der DDR nicht zu vereinbaren, hieß es in der Begründung. Wer ab 1950 bezüglich Petersens NS-Vergangenheit beharrlicher nachfragte, war zu Zeiten des Kalten Krieges leicht als Kommunist zu diskreditieren. Eine kritische Aufarbeitung konnte – wie in vielen anderen Bereichen der bundesrepublikanischen Gesellschaft – erst sehr viel später stattfinden.

Kritisch ist zunächst zu vermerken, was auch in dem längeren Zitat deutlich wird, dass sich Petersen in seinen Begriffen dem nationalsozialistischen Sprachgebrauch annähert. Das besagt freilich noch nicht allzu viel, da das Sprachrepertoire der nationalsozialistischen Machthaber keine originäre Schöpfung, sondern im völkischen Nationalismus lange vorhanden war, bevor sich die Nazis zu einer politischen Macht entwickelten. Petersen schöpfte aus diesen Quellen schon in seinen frühen Arbeiten. Bereits seine *Allgemeine Erziehungswissenschaft* aus dem Jahre 1924 arbeitet mit den Grundbegriffen Masse, Gesellschaft, Gemeinschaft. Schon hier befinden sich Kernsätze wie »*Massen organisieren heißt das Geistige realisieren!*«[11] oder »Alle Führer streben aus eigenstem Lebensinteresse danach, mit der Gefolgschaft engste Fühlung zu erhalten und zwischen sich und ihr alles auszuschalten, was die Oberwerte zu zersetzen droht, unter denen sie das Gefolge denken und handeln wissen müssen. Im Schulleben ist das nicht anders.«[12] Hier wird die Gemeinschaft auch als »allseitiges geistiges Verbundensein mit einwohnendem Naturtrieb zum stetigen Wachstum und Erzeugen«[13] verstanden. Individuelle Bildung und Erziehung – so scheint es – haben bei Petersen nicht nur naturhafte Qualitäten, sondern gewinnen ihren Sinn überhaupt erst im Zusammenhang mit der Gemeinschaft. Die Anpassung an die Erfordernisse der Gemeinschaft (bzw. an die Umstände, die als Erfordernisse ausgegeben werden) spielt in Petersens Erziehungskonzept eine tragende Rolle:

»Erziehung ist ein allgemeiner *Vorgang* der Anpassung des Hineinlebens, richtiger fast des Hineingelebtwerdens in die Gemeinschaft, ein organisches Werden durch soziale Assimilation, *ein Hineinleben nicht nur in die Güter und Formen der Kulturwelt, sondern auch in ihre Werte. In diesem vollen Umfange wächst der Mensch in die Gemeinschaft hinein, und in diesem Sinne ist Erziehung ein Vorgang natürlichen Wachstums am und im Ganzen unter natürlicher Einwirkung der mannigfachsten Art. Und ›das ganze Leben des Menschen und der Menschheit ist Ein Leben der Erziehung (Fr. Fröbel)‹.*«[14]

Ziel der Bildung sei die »voll entfaltete Individualität«, die »innere« Freiheit des Individuums. Auch sie könne nicht ohne Zwang herbeigeführt werden. Dieser Zwang entspringe der Gemeinschaft, der gegebenen »Lebensart« mit ihren mannigfaltigen Konsequenzen. Bildung geht letztendlich in der Erziehung auf. Die Persönlichkeit des Individuums erhält ihren Rang ausschließlich durch die Integration in das übergeordnete soziale System.[15]

Um Petersens pädagogische Grundprinzipien wirklich zu verstehen, muss man hinter seine sprachlichen Wendungen schauen. Erziehungsvorgänge haben in seiner Vorstellung erstens organische Ursprünge, sie sind naturhaft-biologisch begründet. Sie sind zweitens im »Volkhaften«, in der Gemeinschaft, verankert, und Bildung hat nur dann ihren Stellenwert, wenn sie sich im Rahmen der Gruppe entfaltet und für diese Gruppe wirkt. Mit diesen Prämissen fällt Petersen hinter den Positionen einer Pädagogik der Aufklärung zurück. Die Angewohnheit, gesellschaftliche Entwicklungsprozesse als Naturphänomene zu deuten, ist natürlich mehr als eine akademische Frage. In der Pädagogik gibt sie gesellschaftlichen Prozessen jene höheren Weihen, die historisch bedingte Verhältnisse nicht hinterfragbar machen. Gesellschaftliche Regulierungen können in Zweifel gezogen und notfalls auch verändert werden – naturhafte Gegebenheiten jedoch nicht. Ihre Veränderung – so wird suggeriert – kann nur um den Preis der Perversion, der Umkehrung der »natürlichen« Ordnung, geschehen.

Mit dieser Grundlegung seiner Pädagogik geriet Petersen nach 1945 in den Verdacht, dem Nationalsozialismus nahe gestanden und ihn unterstützt zu haben. Vermutungen dieser Art wurden von seinen Anhängern damit beantwortet, dass Petersen zu keiner Zeit Mitglied der Nationalsozialistischen Arbeiterpartei (NSDAP) gewesen sei. Ein schwaches Argument. Tatsache ist jedoch, dass Petersen nach 1933 keine Mühen gescheut hat, seine Pädagogik-Konzeption den nationalsozialistischen Machthabern anzudienen. Begründet hat er die Nähe seines Konzepts zur nationalsozialistischen Erziehung unter anderem mit dem Argument, dass er stets die Gemeinschaft als Fundament und als Ziel der Erziehung betont und dem Individualismus eine scharfe Absage erteilt habe. Petersen wurde von den Nationalsozialisten akzeptiert; zwar nicht als führender Pädagoge, aber doch als jemand, dessen Werk als Unterstützung des Nationalsozialismus angesehen werden konnte. Es hat nicht an offener Anbiederung gefehlt, die Petersen an die Nazis geleistet hat. Das war zunächst ohne Brüche möglich, weil Petersen die Weimarer Republik mit ihren parlamentarischen Auseinandersetzungen – namentlich auch um die Schulpolitik – abgelehnt hat. Im Jahre 1935 beruft er sich in der Kommentierung seines Jena-Plans nicht mehr auf die griechische Polis, sondern auf seine *Allgemeine Erziehungswissenschaft* mit dem Grundgedanken der Gemeinschaft, also ganz im Sinne der neuen deutschen Erziehungswissenschaft nach 1933. Mit der Absage an Individualismus und Intellektualismus sieht sich Petersen 1935 auf einer Linie mit Adolf Hitler selbst, der diesen Aspekt in seinen Reden mehr als einmal hervorgehoben habe. Und was seine Grundformen des Unterrichts angeht, so hat Petersen keine Schwierigkeiten, Gespräch, Spiel, Arbeit und Feier in die Richtung nationalsozialistischer Tugenden zu erweitern.

»Die Formung des deutschen Menschen, die Seelenbereitung überhaupt ist keine Sache der Lehre. Hier sind andere Formen am Platze. Diese Formen können sein: die Feier, das

Schweigen vor dem Symbol, die Andacht, das Befehlen und Gehorchen, der Kultus usw. Unsere bisherige Schule war formlos, wie das ganze Leben formlos war. Es gilt, neue Formen des schulischen Lebens zu finden.«[16]

Petersen geht sogar so weit, seine Gegnerschaft gegenüber Individualismus, Demokratie und Liberalismus auch rassisch zu begründen. In dem schon zitierten Aufsatz nimmt er für sich in Anspruch, dass er nur aus dem »rassisch gebundenen Denken des nordischen Menschen heraus urteilen« könne, dass er »keinerlei Fremdkörper im Blut habe«, die ihn nach Rom, Paris oder anderswo lenken könnten, und dass er zu Fragen des Schullebens stehen müsse, »wie es die nordisch bestimmte germanische Welt« nun einmal tue.[17] Schließlich führt Petersen an dieser Stelle die Parallelität seiner erziehungswissenschaftlichen Gedanken mit den Aussagen des Reichsinnenministers Frick ins Feld, die dieser am 9. Mai 1933 zur neuen Schulpolitik geäußert hatte: »Die neue Schule geht grundsätzlich vom Gemeinschaftsgedanken aus, der ein uraltes Erbteil unserer germanischen Vorfahren ist und demgemäß unserer angestammten Wesensart am vollkommensten entspricht ...«[18]

Das letzte Zitat zeigt einmal mehr, dass sich Petersen tatsächlich aktiv den Nationalsozialisten angedient hat. Es zeigt aber auch die Manipulierbarkeit einer Pädagogik in jedwede Richtung, wenn ihre gesellschaftliche Einbettung zwar vehement, aber gleichzeitig auch vage und unkritisch gehalten wird, wie es in dem Werk Petersens geschieht. Hätte sich die Weimarer Republik gehalten, hätte die Demokratie zunehmende Stärkung erfahren, so hätte Petersen sicher keine Schwierigkeiten gehabt, sein politisch unscharfes Konzept für demokratische Verhältnisse zu konkretisieren. Die Verhältnisse waren jedoch andere. Allerdings sollten sie sich zu seinen Lebzeiten noch einmal drastisch ändern, und zwar 1945 bzw. 1946, als in der Sowjetischen Besatzungszone das *Gesetz zur Demokratisierung der deutschen Schule* erlassen wurde. Und wieder meldete sich Petersen zu Wort, indem er darauf verwies, dass die »fortschrittlichen deutschen Pädagogen« schon zu Beginn des zwanzigsten Jahrhunderts ähnliche Gedanken geäußert und die Möglichkeiten einer Realisierung geprüft hätten, so dass Kriterien vorhanden seien, »um die Schulform, die uns das neue Gesetz schenkt, mit einem Innenleben der Erziehung und des Unterrichts zu erfüllen, wie es dem Sinne des Gesetzes entspricht«.[19] In diesem Sinne eliminierte er aus seinem Jena-Plan alle völkischen Elemente und betonte das Organisations- und Planungsmodell für eine *Familienschule*. Weitere Einzelheiten können an anderer Stelle nachgelesen werden.[20] Es ging mir in diesem Abschnitt weniger um die Person Peter Petersens als um den Nachweis, dass eine Pädagogik, die ihre gesellschaftlichen Prämissen so vage und unklar darstellt wie die Petersens, letztlich für jedwede politische Richtung offen ist, selbst wenn sie so humane Ansprüche verfolgt, wie sie der Konzeption des Jena-Plans zugrunde liegen.

Was ist geblieben?

Peter Petersen starb am 21. März 1952 in Jena. In den letzten Jahren war er mit seinem Lebenswerk zwischen die Fronten geraten. Versuche, seiner Jena-Plan-Pädagogik an einer westdeutschen Universität eine Heimstatt zu geben, scheiterten ebenso wie schon zuvor die Kontaktaufnahme mit den DDR-Verantwortlichen. Dennoch genoss sein Modell in der frühen Bundesrepublik weithin große Beachtung, und im europäischen Ausland – namentlich in Belgien und Holland – kann man auch heute noch von einer Jena-Plan-Bewegung sprechen. Mit der Reform der Primarstufe wurden auch in der Bundesrepublik zahlreiche Grundprinzipien Petersens neu belebt, mit und ohne Berufung auf seinen Namen. Sofern die Reformschulen sich auf den Jena-Plan beriefen, wurde er modifiziert. Die Grundstrukturen des Schullebens (Auflösung der Klassenverbände, Gesprächskreise, Gruppenarbeit, Klassen- und Schulfeiern, die aktive Pause, die Modifizierung der Leistungsbeurteilung oder die besonders ausgeprägte Eltern(mit)arbeit) sind ebenso erhalten geblieben wie der Wochenarbeitsplan, die Projektarbeit, die Erstellung von Arbeitsmitteln oder die Gestaltung des Klassenraums mit der Aufteilung in Lern-, Ruhe- und Spielbereich. Die Organisationsprinzipien haben in vielen öffentlichen und privaten Schulen Eingang gefunden. Der allgemeinpädagogische Rahmen dagegen, in den Petersen sein Schulmodell gestellt hat, ist fast vergessen.

Anmerkungen

1 Petersen, Peter und Else: Die pädagogische Tatsachenforschung. Besorgt von Theodor Rutt. Paderborn 1965.
2 Slotta, Günter: Die pädagogische Tatsachenforschung Peter und Else Petersens. Studien zur Stellung und Bedeutung der »empirischen« Forschung in der Erziehungswissenschaft. Weinheim 1962.
3 Petersen, Peter: Der kleine Jena-Plan. Weinheim 1963, S. 7.
4 Ebd., S. 10.
5 Vgl. Petersen, Peter: Führungslehre des Unterrichts. Braunschweig, Berlin und Hamburg 1950, S. 111ff.
6 Ebd., S. 59.
7 Ebd., S. 140.
8 Ebd.
9 Ebd., S. 147.
10 Ebd., S. 67ff.
11 Petersen, Peter: Allgemeine Erziehungswissenschaft. Berlin und Leipzig 1924, S. 11.
12 Ebd., S. 12.
13 Ebd., S. 28.
14 Ebd., S. 104f.
15 Vgl. ebd., S. 106f.
16 Petersen, Peter: Die erziehungswissenschaftlichen Grundlagen des Jena-Plans im Lichte des Nationalsozialismus. In: Die Deutsche Privatschule (1935), S. 1-4. Zitiert nach: Benner, Dietrich und Kemper, Herwart: Einleitung zur Neuherausgabe des Kleinen Jena-Plans. Weinheim und Basel 1991, S. 55.
17 Vgl. ebd., S. 56.
18 Zit. nach ebd., S. 58.
19 Ebd., S. 59.
20 Siehe hierzu auch Rülcker, Tobias und Kaßner, Peter

(Hg.): Peter Petersen: Antimoderne als Fortschritt? Erziehungswissenschaftliche Theorie und pädagogische Praxis vor den Herausforderungen ihrer Zeit. Frankfurt/M. 1992; Oelkers, Jürgen: Petersen und der Nationalsozialismus. In: Keil, Werner (Hg.): Pädagogische Bezugspunkte. Exemplarische Anregungen. Festschrift für Hans Scheuerl. 2. Aufl., Regensburg 1995, S. 121ff.

Célestin Freinet
und seine Bewegung

> »Das Kind, das den Zweck seiner Arbeit sieht
> und das sich ganz einer nicht mehr schulischen,
> sondern einfach sozialen und menschlichen
> Aktivität widmen kann, dieses Kind spürt,
> dass in ihm ein mächtiges Bedürfnis nach
> Handeln, Forschen und Schaffen frei wird.
> Wir haben verwundert festgestellt, dass die so
> angeregten und gestärkten Kinder eine Arbeit leisten,
> die qualitativ wie quantitativ derjenigen
> haushoch überlegen ist, die von den alten
> repressiven Methoden verlangt wird.«

Die Hecken- und Freiluftschule

Mit dem Antritt der sozialliberalen Koalition unter Willy Brandt wurde in das Schlagwort »Mehr Demokratie wagen« auch das Bildungswesen eingeschlossen. Die frühen siebziger Jahre waren die Zeiten großer Erwartungen. Kommissionen erarbeiteten neue Bildungspläne und -programme, Strukturpläne wurden entworfen und curriculare Revisionen proklamiert. Vielen erschien die Gesamtschule als die adäquate Bildungsinstitution der Zukunft.

Allzu schnell jedoch verliefen die Projekte im Sande, scheiterten sie an politischen, finanziellen und organisatorischen Hindernissen. Nach dem Scheitern der äußeren, der strukturellen Reform drohte die Ausbreitung von Mutlosigkeit und Resignation. Doch dann mehrten sich die Stimmen, die auf eine *innere Reform* der Schule setzten. Gefordert wurde eine Revision des Schullebens und des Schulunterrichts, die sich auf die internationalen Reformansätze stützte, die zwischen 1900 und 1933 entwickelt wurden.[1] Man besann sich auf eine Tradition, die schon einmal die Schule aus einer jahrzehntelangen Erstarrung befreit hatte, bevor sie dann – zumindest in Deutschland – vom Nationalsozialismus niedergewalzt wurde. Freiarbeit, Gesamtunterricht, Projektunterricht, Gruppenunterricht – die Orientierung der Schularbeit an den Interessen des Kindes, all diese Prinzipien sollten helfen, mangelnde Motivation bei den LehrerInnen zu beseitigen und die Kinder lernfreudiger zu machen. In diesen Jahren wurde in der Bundesrepublik Deutschland der Name eines Pädagogen bekannt, der wie kaum ein anderer sein Leben lang unermüdlich an der inneren Reform der Schule und des Unterrichts gearbeitet hatte: Célestin Freinet. Als Geheimtip für LehrerInnen, die sich um einen phantasievollen und kindzentrierten Unterricht bemühten, hatte der Name schon vorher einen guten Klang. Nunmehr aber wurde er schnell einem größeren Kreis von Pädagogen bekannt, die der Stagnation und dem Alltagstrott des Schul- und Unterrichtswesens den Kampf angesagt hatten.

Célestin Freinet wurde am 15. Oktober 1896 in Südfrankreich, in einem kleinen provenzalischen Dorf, geboren. Sein Vater war Bauer. Die Arbeit auf dem Hof und auf dem Feld haben Célestin schon als Kind geprägt. Verbunden mit der Landschaft und der Natur blieb Freinet sein ganzes Leben. Das zeigt sich auch in seinen Schriften, in denen er häufig Beispiele und Vergleiche aus dem einfachen Landleben anführt, an das er sich auch in späten Jahren immer gerne erinnert hat. Hier hatte er seine Wurzeln, hier, in den überschaubaren Lebensbereichen, fühlte er sich wohl und geborgen.

Überschattet wird die Kindheit Freinets allerdings durch die Erfahrungen, die er in der Schule machen musste. Die Kargheit der Räume, der autoritäre Umgang der Lehrer mit den Schülern, die eintönigen Unterrichts- und Lernmethoden verleideten bereits dem Kind, das durchaus lernwillig war, die Schule. Er nannte sie die Schulkaserne, womit er den militärischen Drill charakterisieren wollte.

Hatte Freinet bereits als Schüler Vorstellungen von einer besseren Schule? Nach dem Ende seiner Schulzeit will er zumindest selbst Lehrer werden und besucht eine Lehrerbildungsanstalt, die Ecole Normale. Der Weltkrieg scheint zunächst alle Pläne zu zerstören. 1915 – nach dem zweiten Studienjahr – wird Freinet eingezogen, kommt an die Front und wird durch einen Lungenschuss für den Kriegsdienst untauglich. Auch eine zivile Laufbahn scheint nach vierjährigen Aufenthalten in Lazaretten und Heilanstalten höchst fraglich. Mit zäher Energie betreibt er jedoch den Abschluss seiner Studien und wird 1920 als Lehrer an der zweiklassigen Dorfschule in Bar-sur-Loup (Südfrankreich) angestellt.

So viel ist von vornherein klar: Für eine Lehrerrolle, die den Erzieher als permanenten Redner versteht, der auf dem Podium sitzt und durch Frontalunterricht und ausgedehnte Monologe den Schulalltag bestreitet, sind die Voraussetzungen bei Freinet nicht gegeben. Seine physischen Kräfte sind auch nach Verheilung der Kriegsverletzung begrenzt. Obwohl von Freinets Biographen mitunter als der eigentliche Anstoß für seine Pädagogik dargestellt, können wir jedoch annehmen, dass Freinet auch ohne seine physischen Beschwerden Grund genug hatte, Alternativen zur überlieferten Lehrerrolle zu entwickeln. Freinet hat seine eigenen Schulerfahrungen zeitlebens nicht vergessen. Das Eingesperrtsein auf engem Raum, das öde Lernprogramm, das ihm abstrakt und lebensfremd erschien, der gesamte Umgang der Staatspädagogik mit den Kindern und den Heranwachsenden waren ihm Motiv genug, das überlieferte Erziehungssystem mit all seinen gesellschaftlichen und politischen Implikationen in Frage zu stellen und Alternativen zu entwerfen.

Freinet öffnet die Schule räumlich und inhaltlich. In den Sommermonaten verlegt er den Unterricht, wann immer es geht, ins Freie. Die milden klimatischen Verhältnisse Südfrankreichs nutzend, hält er nicht nur den Heimat- und Naturkundeunterricht draußen ab, sondern auch den muttersprachlichen Unterricht, Rechnen und Raumlehre. Hier, in der *Ecole Buissonnière*, der »Hecken-« oder »Freiluftschule«, lernen die Kinder nicht nach Büchern, sondern durch Beobachtung. Das stößt zunächst auf den Widerstand der Eltern, die für das neue Schulverständnis ihre eigenen Erfahrungen hinterfragen müssen. Freinet mutet ihnen, den Eltern, noch weitere Umlernprozesse zu. Er schafft den täglichen Moralunterricht ab. Auch Freinet war die soziale Erziehung sehr wichtig, aber er versuchte sie nicht durch das Memorieren von Leitideen und Kernsätzen zu erreichen, sondern durch praktisches Tun.

Mitmenschliches Verhalten in der Klassen- und Schulgemeinschaft war ihm die Voraussetzung für das verantwortungsvolle und partnerschaftliche Verhalten im späteren Leben. Freinet entwickelt eine hohe Sensibilität für den Umgang der Schüler untereinander. Er beobachtet ihre Entwicklung. Nichts ist ihm unwichtig. Er führt ausführlich Tagebuch über jedes Kind, über seine Lernprozesse, über Schwierigkeiten und offene Fragen. Freinet entwickelt sich zu einem Lehrer, der die Pädagogik »vom Kinde aus« neu bestimmt. Damit schließt er sich Reformbemühungen an, die in unterschiedlicher Akzentuierung in Europa und Nordamerika Schule machten. Freinet studiert die neuen Ansätze sorgfältig und tritt in Kontakt mit führenden Reformpädagogen seiner Zeit. Mit Maria Montessori und Helen Parkhurst diskutiert er über die neue Rolle des Kindes; mit Ovide Decroly, dem belgischen Reformer, korrespondiert er über dessen neues Schulkonzept. Decroly hatte 1907 die *Ecole pour la vie par la vie* gegründet.[2] Erziehung und Schule für das Leben durch das Leben. Das war im Sinne Freinets, das war die richtige Richtung. Decroly hatte den Unterricht nach so genannten *Interessenzentren* ausgerichtet, die auf vier elementaren Grundbedürfnissen des Menschen beruhen: dem Bedürfnis nach Nahrung, nach Schutz vor Witterungsunbilden, dem Bedürfnis nach Verteidigung gegenüber Gefahren und Feinden und dem Bedürfnis nach Tätigkeit. Vom tatpädagogischen Ansatz her war noch ein anderer Pädagoge für Freinet von großem Interesse: der Schweizer Adolphe Ferrière. Im Jahre 1920 erschien von ihm *L'Ecole active*, ein Titel, der die neue Arbeitshaltung der Schüler zum Mittelpunkt seiner Überlegungen machte.³ *Schule der Selbstbetätigung oder Tatschule* hieß der Titel in der deutschen Übersetzung. Freinet lag mit seiner Vermutung richtig. Hier, bei Decroly und Ferrière, fand er wichtige theoretische Vorüberlegungen für eine neue Schule mit einem Unterrichtskonzept, das den Bedürfnissen und Interessen der Kinder entgegenkam. Interessant für sein Konzept ist auch die Pädagogik von Hermann Lietz, der bereits 1919 verstorben war, dessen Schulen sich aber weiterentwickelten. Freinet hat Lietz'sche Anstalten besucht und war auch hier von Praxis und theoretischen Ausführungen beeindruckt. Nicht um eitle Gelehrsamkeit und Vielwisserei geht es in den Landerziehungsheimen von Hermann Lietz, sondern um die Entwicklung des ganzen Menschen, um die Schulung all seiner Sinne, Organe und Glieder. Noch ein weiteres wichtiges Element der Lietz'schen Pädagogik ist für Freinet von Bedeutung: die konsequente Neureflexion der Lehrerrolle. Lietz pflegte ein sehr kameradschaftliches Verhältnis mit seinen Schülern. So sollte es auch zwischen Freinet und seinen Schulkindern zugehen. Er hält ihnen die Treue. Als er im Oktober 1923 seine Gymnasiallehrerprüfung besteht, verzichtet er auf die ihm zugedachte Stelle als Professor an der Ecole supérieure in Brignoles und bleibt bei denen, die ihn am nötigsten haben: bei den unterprivilegierten Landkindern.

Sein Mitgefühl und das Verständnis für die Stiefkinder des Bildungswesens war nicht nur diffuses Mitleid, sondern aktive Solidarität. Freinet entwickelt in den frühen zwanziger Jahren eine ausgeprägte gewerkschaftliche, genossenschaftliche und sozialistische Orientierung. Tief beeindruckt kehrt er 1925 von einer Bildungsreise aus der jungen Sowjetunion zurück und wird Ende 1926 Mitglied der kommunistischen Partei Frankreichs. Es sollte ein sehr gespanntes Verhältnis werden. Trotz mancher Differenzen, die ihn schon früh von den Kommunisten trennten, geriet er in den dreißiger Jahren in das Schussfeld reaktionärer Kreise, die den »roten« Lehrer als Vaterlandsverräter und Jugendverführer hinstellten. Im Jahre 1933 geben Célestin und seine Ehefrau Elise, die engste Mitkämpferin und Kollegin, den staatlichen Schuldienst auf und gründen ein eigenes Erziehungsheim in der Nähe von Vence.

Druckerei und Ateliers

Von hier, einem kleinen Dorf, dringt die erzieherische Botschaft Freinets in die Welt. Die pädagogischen Impulse, die Freinet seinen Zeitgenossen vermittelt, lassen sich in drei Bereiche gliedern: in seine Aktivitäten als pädagogisch-politischer *Autor*, in die *Erneuerungen der Unterrichtspraxis* und in die Gründung einer internationalen *Lehrerbewegung*.

Als *Autor* hat Freinet keine neue Theorie und auch kein geschlossenes Lebenswerk hinterlassen. Ähnlich wie viele andere Reformpädagogen war er ein Mann, der aus der Praxis für die Praxis gewirkt hat. Freinet verstand es, die Kolleginnen und Kollegen mit seiner Arbeit zu überzeugen. So sammelte er im Laufe der Jahre immer mehr Gleichgesinnte um sich, die wiederum als Multiplikatoren neue Anhänger warben. Seine schriftliche Hinterlassenschaft besteht aus kleineren und größeren Abhandlungen, die sich auf die Unterrichtspraxis beziehen und die das Ziel hatten, den LehrerInnen Hilfen für den Schulalltag zu geben. So weit die pädagogischen Aspekte seines Schrifttums. Die politischen äußerten sich am deutlichsten in den frühen Jahren, als er für die linke Lehrergewerkschaftszeitung *Ecole émancipée* Artikel mit klassenkämpferischen Impulsen schrieb. Eindringlich mahnt er in diesen frühen Schriften die Lehrer, die Erziehungsarbeit nicht isoliert von der Gesellschaft zu betreiben, sondern den Kampf auf allen Ebenen, der sozialen, der gewerkschaftlichen und der politischen, auszutragen. Die Schule dürfe kein Regulierungsinstrument der Herrschenden, sondern müsse eine Schule des Volkes sein. *Pour l'école du peuple* heißt der programmatische Buchtitel, der später aus dem Nachlass herausgegeben wurde.[4]

Freinets *Erneuerung der pädagogischen Praxis* wurde besonders durch zwei Elemente bekannt: durch die Druckerei und die Klassenkorrespondenz. Diese beiden Elemente sind spezifisch für die Freinet-Pädagogik, andere Prinzipien wie die Aufhebung des Frontalunterrichts durch Gruppenarbeit, die Individualisierung des Unterrichts, Erkundungen der Natur oder der Projektunterricht wurden zwar von anderen Pädagogen übernommen, gewannen jedoch im Zusammenhang mit der Druckerei und der Korrespondenz neue Qualitäten. Durch die Klassendruckerei lernten die Kinder nicht nur lesen und schreiben, sondern sie wurden auch motiviert, sich schriftlich auszudrücken und sich gut verständlich mitzuteilen. Die

Herstellung einer Klassenzeitung war ein ernsthaftes Vorhaben. Hier wurde nicht nur eine Einzelleistung erwartet, sondern auch die Fähigkeit, sich in einer Gruppe mit den unterschiedlichen Erwartungen und Wünschen der einzelnen Mitglieder auseinander zu setzen. So wurde die Freinet-Klasse zu einer Kooperative, die den Lehrer mit einschloss. Bei entscheidenden Abstimmungen besaß er *eine* Stimme, nicht weniger – aber auch nicht mehr. Mit dem Setzkasten, den Bleibuchstaben, dem handbetriebenen Druckgerät und dem Prinzip der Klassenkorrespondenz brachte Freinet die alte Schulkonzeption zum Zusammenbruch. »Von den Interessen der Kinder ausgehen«, forderte Freinet und sagt in Bezug auf die Druckerei:

»Das Kind, das den Zweck seiner Arbeit sieht und das sich ganz einer nicht mehr schulischen, sondern einfach sozialen und menschlichen Aktivität widmen kann, dieses Kind spürt, daß in ihm ein mächtiges Bedürfnis nach Handeln, Forschen und Schaffen frei wird. Wir haben verwundert festgestellt, daß die so angeregten und gestärkten Kinder eine Arbeit leisten, die qualitativ wie quantitativ derjenigen haushoch überlegen ist, die von den alten repressiven Methoden verlangt wird. Und in allen Klassen, in denen die Druckerei eingeführt wurde, wird die anhaltende Begeisterung der Schüler geschätzt, eine Begeisterung, die sich nicht nur auf die direkt von der Druckerei betroffenen Fächer, sondern ganz allgemein auf jede schulische Aktivität erstreckt.«[5]

Zu den pädagogischen Grundideen Freinets gehörte die Aufteilung der Schule in acht Ateliers für verschiedene Aktivitäten. Darunter verstand er zunächst vier Ateliers für elementare Arbeiten:

1. Atelier: Feldarbeit, Tierzucht;
2. Atelier: Schmiede und Schreinerei;
3. Atelier: Spinnerei, Weberei, Nähwerkstatt, Küche, Hauswirtschaft;
4. Atelier: Bau, Mechanik, Handel.

Jedes Atelier ist mit dem nötigen elementaren Werkzeug ausgestattet. Für die Vermittlung des Umgangs mit dem Handwerkszeug ist es nötig, dass die Lehrer selbst erst einmal mit den Handwerkern Kontakt aufnehmen, sich Ratschläge einholen oder die Arbeiter und Handwerker in die Schulklasse bitten. Die Verbindung von Schule und Leben, Lehrern und Eltern wird dadurch zusätzlich gestärkt. Zu den vier Ateliers für elementare Arbeiten kommen weitere vier für differenziertere soziale und intellektuelle Betätigungen.
Es sind

5. Atelier: Forschung, Wissen, Dokumentation;
6. Atelier: Experimentieren;
7. Atelier: Kreativität, graphischer Ausdruck und Kommunikation;
8. Atelier: Kreativität, künstlerischer Ausdruck und Kommunikation.

Das *Atelier Forschung, Wissen und Dokumentation* beherbergt eine Dokumentensammlung, die von den Kindern erstellt wird. Lexika und andere Nachschlagewerke sowie eine kleine Arbeitsbibliothek gehören zur Grundausstattung, ebenso wie Landkarten, Schallplatten, Filme etc. Zum *Atelier Experimentieren* gehört alles, was es Kindern ermöglicht, Naturvorgänge zu beobachten. Hier geht es um Botanik und Zoologie, um chemische und physikalische Vorgänge. Aquarien und Terrarien sind hier ebenso anzutreffen wie Mikroskope und Geräte für chemische und physikalische Grundlagenexperimente.

Im *Atelier Kreativität, graphischer Ausdruck und Kommunikation* finden die SchülerInnen verschiedenes Schreib- und Lesematerial, ein Vervielfältigungsgerät, die Schuldruckerei und Materialien zum Heften und Binden. Das *Atelier Kreativität, künstlerischer Ausdruck und Kommunikation* schließlich ist die Stätte für Gesang und Musik. Es sollte Musikinstrumente ebenso beherbergen wie Liederbücher, einen Plattenspieler und ein Tonbandgerät; im Übrigen aber auch Utensilien, die für Rhythmik, Tanz, Zeichnen, Malerei, Gravieren, Modellieren, Theater, Puppenspiel und für die Marionettenbühne gebraucht werden.

In dieser Ausstattung und in den dahinter stehenden Ideen sah Freinet eine Schule, die »in jeder Hinsicht eine andere, ganzheitliche, erfolgreiche soziale und menschliche Erziehung erlauben würde«.[6]

Was den dritten Bereich angeht, den es zu beachten gilt, wenn man das Lebenswerk Freinets würdigen will, also die *Lehrerbewegung*, die er gegründet hat, so ist festzuhalten, dass er bereits Ende der zwanziger Jahre einen Kreis von hundert KollegInnen um sich versammelte, mit denen er sich regelmäßig traf und Erfahrungen austauschte. Um den immer größer werdenden Kreis mit Arbeitsmitteln auszurüsten, gründete Freinet ein Verlagshaus, das genossenschaftlich geführt wurde, die *Coopérative de l'Enseignement Laïc*. In diesem Verlag wurde auch die *Bibliothèque de Travail* gedruckt, die aus einer umfangreichen Sammlung von Heften zu den verschiedenen Sachthemen besteht. Autorinnen und Autoren sind – natürlich – Kinder und Heranwachsende aus Freinet-Klassen.

Die Freinet-Bewegung wird in Frankreich auf etwa zwanzigtausend Anhänger geschätzt. Da in anderen Ländern, wie Deutschland, Schweiz, Österreich, in skandinavischen Ländern oder in Südamerika keine straff geführten Organisationen bestehen, kann man die Anhängerschaft nicht exakt angeben.

In Frankreich ist die Bewegung auch viele Jahrzehnte nach dem Tode Freinets noch sehr aktiv. Hier dürfte auch die politische Motivation am stärksten sein, verstand doch Freinet seine Pädagogik als politisch. Zwar gab er den kommunistischen Anspruch und die Mitgliedschaft in der Kommunistischen Partei Frankreichs später auf, nicht aber das Ziel, die proletarischen Kinder in eine Gesellschaft zu führen, die auf Chancengleichheit ausgerichtet ist. Die Freinet-Bewegung hat diesen politischen Anspruch konsequent aufrechterhalten. In den *Perspectives d'éducation populaire*, einem Text, an dem etwa dreißig Département-Gruppen fast drei Jahre lang gearbeitet haben, wird eine deutliche Sprache gesprochen, wenn es um die Analyse und Überwindung gesellschaftlicher Ungleichheit geht.

Die Erziehung in Frankreich wird in diesem Dokument als ein Instrument zur Reproduktion der Gesellschaft kritisiert, die Jugendzeit als eine Zeit ohne bürgerliche Grundrechte markiert. Die Schule sei sexistisch und der öffentliche Umgang mit den Massen auf Verdummung angelegt. Erziehung komme in dieser Situation weder der Entfaltung von Begabung nach, noch leiste sie einen Beitrag zur Identitätsbildung. Chancengleichheit verkomme zu einem Mythos. In Wirklichkeit reproduziere sich die herrschende Klasse über das Bildungssystem mit jeder Generation aufs Neue.

»So glauben wir, daß sich der aktuelle Kampf der proletarischen Erzieher auf die beiden Fronten Pädagogik und Politik zugleich richten sollte. Gemäß Freinet denken wir mehr als jemals zuvor: ›Wir würden es nicht verstehen, wenn einige Kameraden die neue Pädagogik betreiben, ohne sich um die entscheidenden Kämpfe zu kümmern, die sich vor den Toren der Schule abspielen; aber wir verstehen noch weniger diejenigen Erzieher, die sich aktiv für die militante Aktion einsetzen und begeistern und in ihrer Klasse friedliche Konservative bleiben.‹«[7]

Das sind Analysen und Forderungen, die ebenso gut auch in *betrifft: erziehung*, einer deutschen Pädagogik-Zeitschrift der sechziger Jahre, hätten stehen können. Auch in der alten Bundesrepublik geriet die massive Chancenungleichheit und Bildungsungerechtigkeit in eine heftige und kritische Auseinandersetzung. Der permanenten Benachteiligung stellen die Pädagoginnen und Pädagogen der französischen Freinet-Bewegung eine *Charta der fundamentalen Rechte und Bedürfnisse der Kinder und Jugendlichen* entgegen.[8]

Die französische Freinet-Bewegung setzt sich offensiv für eine andere Erziehung und für eine andere Gesellschaft unter sozialistischem Vorzeichen ein. Sie plädiert für eine Schule, in der die LehrerInnen im Team und mit den Eltern zusammenarbeiten. Sie fordert den Einsatz für eine Schule im Dienste der Arbeiter. Schulorganisation und Schulleben, Lehrpläne, Prüfungen, Berufs- und Schullaufbahn-Beratungen, die Lehrerausbildung, die Schulaufsicht – alles, was mit den Bildungsinstitutionen im Zusammenhang steht, müsse im Hinblick auf eine »andere Erziehung im Sinne des Volkes« verändert werden.

Der politische Freinet

Der politische Anspruch der Freinet-Pädagogik wurde von der Bewegung nicht aufgegeben. Bei Freinet selbst ergibt sich ein differenzierteres Bild. Wie bereits berichtet, waren die Anfänge seiner Pädagogik eng mit dem proletarischen Kampf verknüpft. Auch wenn er sich – was die schulreformerischen Neuerungen anging – zum Teil an »bürgerlichen« Pädagogen orientierte, so hatte er doch sozialistische und kommunistische Impulse aufgenommen, die in den zwanziger Jahren den politischen Aspekt seiner Pädagogik ausmachten. In den späteren Jahren, als es galt, die Bewegung nach den Wirren von Krieg, Résistance und Restauration wieder aufzubauen, wandte Freinet sich von der aktiven politischen Tätigkeit ab. Die Spannungen mit der kommunistischen Partei wurden dadurch nicht geringer. In jahrelangen Schmähkampagnen wurde seine Pädagogik als reaktionär, illusionistisch und bürgerlich diffamiert, Freinet schließlich aus der Partei gedrängt.

Das wechselnde politische Engagement Freinets wurde von bürgerlichen Pädagogen gern genutzt, um seine politische Motivation ganz auszuklammern.[9] Diese Tendenz lässt sich sowohl im Schrifttum zu seiner Person als auch in der Freinet-Unterrichtspraxis nachweisen. Freinet war jedoch kein Romantiker, kein Idealist, der sich nur und ausschließlich einer kindgemäßen Pädagogik verpflichtet sah. Wie immer seine Aktivitäten um den Kampf für die Arbeiter gedeutet werden mögen – ob sie der »wahren Lehre« des Marxismus, des Kommunismus oder Sozialismus entsprachen oder nicht –, eines stimmt nicht: Man kann ihn nur durch Verdrehung und Ausklammerung wichtiger Teile seines Schrifttums zu einem apolitischen pädagogischen Idealisten machen. Freinet war Realist genug, um die gesellschaftliche Wirklichkeit und die politische Funktion der Erziehung zu erkennen. Er hat aber auch gesehen, dass politische Dogmen in und außerhalb von Parteien eine Realität schaffen können, die der Entwicklung des Kindes gleichermaßen feindlich ist.

Freinet-Pädagogik in Deutschland

Freinet-Pädagogik wird in Deutschland nicht als starres Dogma betrieben, sondern ist eher an der Haltung orientiert, die Freinet in seinen späteren Lebensjahren einnahm. Vorrang hat in der pädagogischen Arbeit der praktische Aspekt. Die Teilnehmer von Tagungen zur Freinet-Pädagogik erleben keine ermüdenden Grundsatzdiskussionen und langwierigen Debatten um den politischen Standort. Freinet-Pädagogen sind Lehrer-

Innen, die Freude am Experimentieren haben, die bereit sind, ihre Unterrichtspraxis ständig zu überdenken und zu revidieren. Sie stellen ihren Unterrichtsalltag, ihre Gepflogenheiten, ihre Unterrichtstechniken und Arbeitsmittel in Frage, analysieren sie und modifizieren den Unterricht. So gelingt es ihnen, dem Alltagsschlendrian und der Routine zu entgehen. Sie sind offen für neue Anregungen. Ihre Kongresse bestehen zu einem gut Teil in der Präsentation von Medien und Materialien, die sie im Sinne von Freinet weiterentwickelt haben. Die Offenheit der LehrerInnen, die nach Freinets Prinzipien arbeiten, macht eine systematische Darstellung der Freinet-Pädagogik etwas schwierig. Ingrid Dietrich hat dies versucht und kommt dabei zu zehn Grundsätzen:

1. Freinet-AnhängerInnen betonen das Recht der SchülerInnen auf ihren eigenen Lernprozess, das Recht auf die eigene Entwicklung, auf Lerntempo etc. Dies gilt insbesondere auch für ausländische SchülerInnen.
2. Die individuellen Unterschiede der Lernenden werden als eine Bereicherung und nicht als eine Behinderung des Unterrichts aufgefasst.
3. Die Selbstbestimmung des eigenen Lernrhythmus ist so etwas wie ein Grundrecht der SchülerInnen.
4. Lernen soll kein Zwang sein, der mit Verdruss und Ärger verbunden ist, sondern Lernen soll Freude machen und mit Erfolgserlebnissen verbunden sein.
5. Lernprozesse sollen so gestaltet sein, dass Konkurrenzverhältnisse und Misserfolgserlebnisse weitgehend ausgeschaltet sind.
6. Nicht »fertige Ergebnisse« sollen memoriert werden,

sondern eigenes Erkunden, Experimentieren und Versuche Vorrang haben.
7. Nicht Indoktrination ist die Aufgabe der Pädagogik, sondern die Anleitung zu eigenen Fragestellungen und kritischen Untersuchungen. Nur so können die Kinder den Weg zum eigenständigen Denken finden.
8. Nicht der Lehrer oder die Lehrerin schreibt vor, was und wie gelernt wird, sondern die SchülerInnen versuchen mit Hilfe von individuellen Arbeitsplänen, mit Materialien, die eine Selbstkorrektur ermöglichen etc., ihren eigenen Lernprozess zu gestalten.
9. Was für das Individuum gilt, wird auch für die gesamte Klasse angestrebt. Die Lernprozesse sollen in gemeinsamer Verantwortung organisiert und durchgeführt werden.
10. Bei auftretenden Konflikten tritt ein Klassenrat in Aktion, der die Probleme zu regulieren versucht.[10]

Wer sich einer solchen Erziehung verschreibt, verzichtet wohl auf den politischen »Klassenkampf«, aber er meidet auch einen anderen, nämlich den Machtkampf mit den SchülerInnen, der jenes unheilvolle Lernklima erzeugt, das durch Konkurrenz und Asozialität gekennzeichnet ist. Dass diese alternative Erziehung gleichwohl auch eine gesellschaftspolitische Bedeutung hat, liegt auf der Hand. Freinet bezeichnete sie als die Hinführung zu einer »demokratischen Disziplin«, die auf das Leben der demokratischen Gesellschaft vorbereitet.

Anmerkungen

1. Siehe hierzu die Quellensammlung von Flitner, Wilhelm und Kudritzki, Gerhard (Hg.): Die deutsche Reformpädagogik. 2 Bde. Düsseldorf und München 1961 und 1962.
2. Hamaide, Amélie: Die Methode Decroly. Neuchâtel 1956.
3. Ferrière, Adolphe: L'Ecole active. Paris 1920.
4. Freinet, Célestin: Pour l'école du peuple. Paris 1969.
5. Freinet, Célestin: Pädagogische Texte. Mit Beispielen aus der praktischen Arbeit nach Freinet. Herausgegeben von Heiner Boehncke und Christoph Hennig. Reinbek bei Hamburg 1980, S. 27.
6. Vgl. ebd., S. 39ff.
7. Zitiert nach Dietrich, Ingrid (Hg.): Politische Ziele der Freinet-Pädagogik. Weinheim und Basel 1982, S. 29.
8. Vgl. ebd, S. 54ff.
9. Vgl. ebd., S. 149ff., sowie Jörg, Hans: Célestin Freinet, die Bewegung ›Moderne Schule‹ und das französische Schulwesen heute. In: Freinet, Célestin: Die moderne französische Schule. Paderborn 1965, Seite 145ff., insbes. Seite 155ff.
10. Vgl. Dietrich, Ingrid (Hg.): Handbuch Freinet-Pädagogik. Weinheim und Basel 1995, S. 27.

Erziehung und Psychoanalyse:
Hans Zulliger und Bruno Bettelheim

In diesem Abschnitt soll eine pädagogische Richtung zur Sprache kommen, die in besonderer Weise die Pädagogik beeinflusst und revidiert hat. Es ist die psychoanalytische Durchdringung des erzieherischen Denkens. Die Verbindung von Psychoanalyse und Erziehung war bereits den frühen Studien von Sigmund Freud immanent. Schon in seinen berühmten *Drei Abhandlungen zur Sexualtheorie* analysierte er nicht nur die sexuelle Entwicklung des Kindes, sondern er knüpfte an die Thesen bereits Überlegungen zu pädagogischen Einstellungen, die auf eine offene Aufklärung der Kinder hinausliefen. Doch nicht nur sexualpädagogische Überlegungen stellte der Begründer der Psychoanalyse vor, sondern auch allgemeine erzieherische Betrachtungen zur Frage, wie das Lustprinzip in das Realitätsprinzip zu verwandeln sei. Oder, um die Verflochtenheit von Psychoanalyse und Pädagogik an einem zentralen Terminus zu verdeutlichen: Der Begriff *Sublimierung*, der nach Freud die Umwandlung sexueller Antriebe in Bereiche meint, die dann keinen sexuellen Charakter mehr haben, ist im Grunde genommen ein pädagogisches Prinzip, das lange vor der Begründung der Psychoanalyse in der religiösen und erzieherischen Praxis gang und gäbe gewesen ist. Psychoanalyse verstand sich jedoch von ihren Ursprüngen an auch als eine kritische Instanz gegenüber der Pädagogik. Die Neurosen und Zwangshandlungen, die sie in langwierigen Prozessen bei Patienten entschlüsselte, waren ja oft die Folgen von falschem Umgang mit Kindern in der Familie, die Auswirkungen von Erziehungsfehlern und komplizierten Eltern-Kind-Verhältnissen. Dass mit diesem Aufdeckungsprozess in jedem Falle – mal mehr, mal weniger deutlich ausgesprochen – auch eine Kritik der herrschenden erzieherischen Praxis verbunden war, leuchtet unmittelbar ein – einmal ganz abgesehen davon, dass es aus den Reihen der Psychoanalytiker auch Generalabrechnungen mit der Pädagogik gegeben hat, wofür Siegfried Bernfelds *Sisyphos oder die Grenzen der Erziehung*, (1925) wohl das berühmteste Beispiel ist.

Diese der Psychoanalyse immanente kritische Haltung gegenüber der Erziehung allgemein ist wohl auch eine Ursache dafür, dass nur allzu viele Erzieher – von den Universitätspädagogen bis zu den LehrerInnen im Elementarbereich – mit Abwehr reagieren, wenn ihnen zugemutet wird, psychoanalytische Erkenntnisse in ihr Programm aufzunehmen. Der Ansatz der Psychoanalyse ist nicht nur in Bezug auf die Heilung der Patienten eine prinzipiell neue Sichtweise, sondern auch im Hinblick auf den bisherigen Umgang mit den Patienten und ihren Problemen.

Deshalb ist es nicht verwunderlich, dass die Ansätze der psychoanalytischen Pädagogik – obwohl mittlerweile einhundert Jahre alt – sich in der Praxis vergleichsweise schwach entwickelt haben. Es gab freilich auch andere wichtige Gründe für die Schwierigkeiten, in die traditionelle Pädagogik Eingang zu finden. Freuds Erkenntnis, dass bereits das Neugeborene mit Sexualität begabt sei, stieß zu Beginn des zwanzigsten

Jahrhunderts auf eine Entrüstung, die noch viele Jahrzehnte Bestand hatte.

Es wäre freilich kurzsichtig, die Schwierigkeiten der Freudschen Lehre auf dem Wege zur erzieherischen Praxis ausschließlich psychoanalytisch und psychologisch zu deuten; handelt es sich doch bei der Psychoanalyse um eine Wissenschaft, deren Entwicklung mit den politischen Konstellationen des zwanzigsten Jahrhunderts aufs Engste verknüpft war. Die Nationalsozialisten beispielsweise bekämpften die neue Disziplin auf allen Ebenen. Personell gesehen hatte dieser Kampf seine Logik, denn die bekanntesten Psychoanalytiker waren entweder Juden wie Freud oder Sozialisten oder beides wie Siegfried Bernfeld und Wilhelm Reich. Doch die Gegnerschaft war auch inhaltlich vorprogrammiert. Das propagierte Menschenbild der Nazis war der Mensch der Tat, der Kraft, der unreflektierten Heldenhaftigkeit. Psychoneurotische Störungen und Fehlleistungen, die darauf hindeuteten, dass der Mensch nicht immer Herr in seinem Hause sei, hatten in der nationalsozialistischen Ideologie keinen Platz. Sofern Unsicherheiten bestanden, wurden sie der Verdrängung überantwortet. Der politische Umgang mit den psychoanalytischen Vereinigungen war einfach. Sie wurden aufgelöst, die Mitglieder in die innere Emigration getrieben oder außer Landes gejagt. Ihre Werke landeten in den Flammen der Bücherverbrennungen. Die Nationalsozialisten hatten ihre Ausmerzungspolitik so gründlich betrieben, dass noch Jahrzehnte nach der Zerschlagung des Faschismus die Spurensuche äußerst mühsam war. Wer zwanzig Jahre nach Kriegsende ein Studium der Erziehungswissenschaft, der Psychologie oder der Politik abschloss, mochte gründlich studiert haben, den Namen Bernfeld, Melanie Klein, Anni und Wilhelm Reich war er nicht einmal im Glossar oder in den Fußnoten seiner Lehrbücher begegnet. Erst die Schüler- und Studentenbewegung der sechziger Jahre entriss auch die frühen Mitstreiter Sigmund Freuds der politisch verordneten Verdrängung.

In diesem Kapitel sollen zwei prägnante Vertreter psychoanalytischer Pädagogik vorgestellt werden: Hans Zulliger und Bruno Bettelheim. Beide haben sich um die frühe Aufnahme psychoanalytischen Gedankenguts in die Pädagogik verdient gemacht; gemeinsam ist ihnen, dass ihre Studien auch heute noch von Bedeutung sind, sowie die Tatsache, dass sie nicht nur theoretische Arbeiten zur Pädagogik verfassten, sondern auch mitten in der erzieherischen Praxis standen, und zwar mit unterschiedlicher Klientel in verschiedenen Institutionen. Der Schweizer Hans Zulliger wurde mit 19 Jahren Lehrer im Primarbereich und blieb dies bis zu seiner regulären Versetzung in den Ruhestand. Bruno Bettelheim, wie Freud Wiener, hat dreißig Jahre an der Orthogenetischen Schule in Chicago gewirkt. In dieser Institution arbeitete er im Schnitt mit fünfzig Kindern und Jugendlichen, die unter schweren psychischen Erkrankungen litten und die von anderen Gutachtern als unheilbar erklärt worden waren. Mit der Auswahl dieser beiden Vertreter der psychoanalytischen Pädagogik ist somit – in Bezug auf die Zielgruppe – ein relativ weites Feld abgesteckt: von den »normalen« Volksschülern in einem Dorfe des Kantons Bern bis zu jenen SchülerInnen Bettelheims, die unter schwersten psychischen Behinderungen gelitten haben.

Hans Zulliger

> »Kinder denken anders als die Erwachsenen.
> Kinder sind imstande, magisch, zauberisch
> zu denken und ein jegliches Ding gemäß
> ihren Wünschen in deren Bedeutung umzuwandeln.
> In diesem Sinne ist für das Kind das Realität,
> was es sich phantasiert. Es ist der Glaube
> an die ›Allmacht der Gedanken‹ und die
> ›Allmacht des Wortes‹. Die Phantasie ist
> ebenso ›Wirklichkeit‹ wie die Wirklichkeit.«
> HANS ZULLIGER

Der psychoanalytische Pionier der Volksschule

Hans Zulliger ist der psychoanalytische Pionier der Volksschule. Die brachialen Umgangsformen, die um 1900 in den Besserungsanstalten herrschten, hatten ihre Parallelen in Schulen und auch in anderen Ausbildungs- und Lehrverhältnissen. Ohne Übertreibung ist zu sagen, dass in den Volksschulen dieser Zeit europaweit der Rohrstock ein wichtiges Medium war, das im Namen der Erziehung den Schulalltag bestimmte. Der bürgerliche Tugendkatalog Ordnung, Fleiß, Gehorsam, Pünktlichkeit, Sauberkeit, Bescheidenheit und sexuelles Wohlverhalten – diese Leittugenden hatten auch in der Sozialisation und Erziehung der Schweizer Eidgenossen Vorrang vor anderen kreativeren Erziehungszielen. Ein Verstoß gegen diese bürgerlichen Grundwerte setzte zwangsläufig einen Sanktionsapparat in Gang, der die Wiederherstellung des bürgerlichen Normengefüges zu besorgen hatte. Besonders empfindlich reagierte das System auf frühen Ungehorsam, auf Dieberei und auf das, was die moralbewussten Pädagogen Lügenhaftigkeit nannten. Hier hatten die Erzieher besonders aufmerksam zu sein, um eine schlimme Laufbahn so früh wie möglich im Keim zu ersticken. Schon zu Beginn der Entwicklung einer systematischen Pädagogik war man sich weitgehend darüber einig, dass in diesem frühen Fehlverhalten der Ursprung späterer Betrügerei, des Raubes und des Mordes liegen müsse. Selbst Pädagogen des frühen achtzehnten Jahrhunderts wie August Hermann Francke (1663–1727) oder die späteren Pädagogen der deutschen Aufklärung, die sich für einen sensibleren Umgang der Erwachsenen mit Kindern ausgesprochen hatten, ließen die Prügelstrafe gelten, wenn Kinder sich offener Widersetzlichkeit, fortgesetzter Lügerei und des Diebstahls schuldig gemacht hatten. Diese Tradition setzte sich fort – über das neunzehnte Jahrhundert in das zwanzigste hinein, und jeder, der in der ersten Hälfte des letzten Jahrhunderts eine öffentliche Schule besucht hat, dürfte noch seine Erfahrungen mit der Prügelstrafe gemacht haben. Die Schulerfahrung Hans Zulligers bildete da keine Ausnahme.

Aus der Kindheit freilich werden keine diesbezüglichen »erzieherischen« Exzesse berichtet. Hans Zulliger wurde am 21. Februar 1893 in dem kleinen Dorf Mett, das heute zu Biel gehört, geboren. Die ländlichen Verhältnisse zu dieser Zeit muten uns heute recht überschaubar an. Die räumliche Mobilität der Menschen war relativ gering. Kutsche, Pferd und Ackerwagen waren noch die wichtigsten Transportmittel, obwohl es bereits Eisenbahnverbindungen gab. Die Industrialisierung steckte in den Anfängen, obgleich die Schweizer Uhrenfabriken bereits einen internationalen Ruf genossen und manchem Bauern und Waldarbeiter schon eine Alternative zur Arbeit auf der Scholle boten. Zu ihnen gehörte der Vater Hans Zulligers. Aus dem Oberaargau stammend, hatte er den väterlichen Hof verlassen, um sich in der Uhrenindustrie seinen Lebensunterhalt zu verdienen. Doch recht bald musste er sehen, dass die weltberühmte Uhrenfabrikation ihre Krisen und Leerläufe hatte. Gerieten die Unternehmen in Absatzschwierigkeiten, so schlossen die Fabriken für eine gewisse Zeit ihre Tore, bis die Überproduktion abgebaut war. Arbeitslosenunterstützung war zu dieser Zeit unüblich, und so mussten die Lohnabhängigen sehen, wie sie diese Flauten überbrückten. Große Rücklagen ermöglichten die Löhne nicht, und oft genug lebten die Arbeiter in diesen Zeiten von dem, was der Fischfang in den heimischen Gewässern, was der Wald oder gegebenenfalls ein kleiner Garten bot. So waren auch die Verhältnisse in der Familie des kleinen Hans Zulliger. Gab es eine gute Konjunktur, so war der bescheidene Lebensunterhalt gesichert. Im besten Falle konnte die Mutter sogar in einer Diamantenschleiferei arbeiten. Die Eltern gaben dann ihren Sohn in das Haus eines Uhrmacherehepaares, in dem Hans Zulliger entscheidende Eindrücke und erzieherische Einflüsse aufnahm. Auf die Dauer jedoch ließ sich dieses Modell nicht aufrechterhalten, denn im Laufe der Jahre wurden noch drei weitere Brüder geboren. Der Vater gab den Uhrmacherberuf auf und nahm eine

Beschäftigung im Eisenbahnreparaturwerk Biel an. Bescheiden war auch hier der Lohn, aber der Arbeitsplatz war nicht so krisengeschüttelt wie der in der Uhrenindustrie. Die Mutter konnte die Fabrikarbeit aufgeben und sich daheim um die Kinder kümmern – was freilich auch nur dadurch, dass sie eine zusätzliche Heimarbeit übernahm, möglich war.

Am Progymnasium in Biel setzte Zulliger seine Schullaufbahn fort. Der Abschluss berechtigte zwar nicht zum Universitätsstudium, aber der Absolvent konnte das Lehrerseminar besuchen. Nach Ableistung seines Militärdienstes tritt er 1909 als Sechzehnjähriger in das Staatsseminar Hofwil-Bern ein. Trotz einiger künstlerischer Ambitionen war dies für ihn die beste Gelegenheit, aus der Abhängigkeit der Eltern herauszukommen und diese finanziell zu entlasten. Nach vierjährigen Studien erhält er das Primarlehrerpatent und gleich im Anschluss seine erste Anstellung in Ittingen, nördlich von Bern. Es sollte seine einzige, seine Lebensstellung werden. 47 Jahre ist er der Schule in Ittingen treu geblieben – bis zu seiner Pensionierung im Jahre 1959.

Es hat nicht nur mit dem Interesse an der Biographie Hans Zulligers zu tun, wenn an dieser Stelle das soziale Umfeld etwas näher beschrieben wird. In Ittingen hat es der neue Lehrer zwar nicht nur mit Bauern- und Handwerkerkindern zu tun. Auch die Arbeiterschaft ist in dieser Gegend zahlreich vertreten. Per Fahrrad oder per Bahn pendeln viele zwischen dem Wohnort und der Arbeitsstätte in Bern. Dennoch: Die Menschen, die hier leben, sind bodenständig und konservativ. Das hat nicht nur seine Auswirkungen auf den regen Kirchenbesuch, sondern auf die gesamte Lebensgestaltung und natürlich auch auf die Erwartungen, die an Schule und Lehrer gestellt werden. Die überlieferte Schulpsychologie – wenn sie denn überhaupt eine Rolle spielte – war an traditionellen konservativen Vorstellungen orientiert. Die Analyse von Verdrängungen peinlicher Gedanken und Gefühle, der Triebe im Unterbewussten und der Verdrängung der Sexualität spielte weder in den Familien noch in den Schulen und schon gar nicht in der Schulverwaltung eine Rolle. Ganz sicher aber wurde sie von den Theoretikern und Praktikern der Schulpsychologie als eine gefährliche Ketzerei betrachtet, die sich nur negativ auf das Erziehungsklima auswirken könne. Diesen sozialen Hintergrund sollte man sich verdeutlichen, wenn man den Avantgardismus Hans Zulligers ermessen will, als er in einer kleinen Dorfschule seine psychoanalytisch orientierte Pädagogik zu praktizieren begann.

Der entscheidende Anstoß hierfür kam von dem Zürcher Pfarrer Dr. Oskar Pfister. Er verband seine umfangreichen seelsorgerischen Erfahrungen, sein theologisch-philosophisches Wissen und seine erzieherischen Tätigkeiten mit der Psychoanalyse, diese Verbindung nannte er *Pädoanalyse*. Er schrieb Bücher wie *Die Willensfreiheit* (1903), *Die psychoanalytische Methode* (1913) oder *Das Christentum und die Angst* (1944). Die lange Freundschaft mit Sigmund Freud hat sich in einem dreißigjährigen Briefwechsel niedergeschlagen.[1] Erstmals hatte Zulliger von dem Zürcher Pfarrer Pfister in den Veranstaltungen seines Psychologielehrers Ernst Schneider am Lehrerseminar gehört. Nach Abschluss seiner Ausbildung und mit Antritt seiner Lehrerstelle, als mancher ehemalige Mitschüler des Seminars seine Schritte auf die ausgetretenen Pfade der überlieferten Pädagogik lenkte, vertiefte Zulliger neben dem Schuldienst seine Kenntnisse in der Technik der Psychoanalyse, machte eine Lehranalyse und tauschte seine Erfahrungen mit Oskar Pfister und seinen Freunden aus. Ermutigung erhielt Hans Zulliger auch von Freud selbst, den er später mehrfach in Wien besuchte und dem er sein Konzept vorstellte. Das war zu Beginn seiner Tätigkeit – ebenso wenig wie am Ende – kein geschlossenes System. Zulliger schreibt über seine ersten Erfahrungen:

»Es war während einer Zeit, da die Psychoanalyse auch in der Schweiz in heftigster Weise angefochten wurde. Deshalb mußte ich mit äußerster Vorsicht vorgehen. Also arbeitete ich gänzlich im Stillen, befreite einzelne Schülerinnen und Schüler von störenden Symptomen wie Lernhemmungen, Bettnässen, Stottern, reaktive Aggressivität und Sich-nicht-einfügen-Können in die Gemeinschaft, Schuldgefühlsreaktion wegen Onanie, zwanghaften Diebereien – und ich hatte Anfängerglück. Darüber aber redete ich mit niemandem, um ungestört zu bleiben.«[2]

Im Jahre 1921 veröffentlicht Zulliger seine erste psychoanalytisch orientierte Arbeit: *Psychoanalytische Erfahrungen aus der Volksschulpraxis.* Namen und Orte muss Zulliger ändern, zu eng ist sein Wirkungskreis, um nicht Gefahr zu laufen, gegen die pädagogische Schweigepflicht zu verstoßen. Stilistisch ist das Buch, das Oskar Pfister in seiner Reihe *Schriften zur Seelenkunde und Erziehungskunst* herausgegeben hat, schon fast eine Vorwegnahme der späteren Werke. Zulliger will keine abstrakten Abhandlungen schreiben. Ihm liegt daran, Eltern und Angehörigen die Hintergründe und Ursachen zu verdeutlichen, die das Handeln und Verhalten mancher Kinder leiten. Zulliger versagt sich, um im Bereich des Verständlichen zu bleiben, alle Fachtermini. In Schwierigkeiten gerät allenfalls der Nichtschweizer, wenn mundartliche Ausdrücke verwendet werden. In diesem Sinne analysiert Zulliger schulische und familiäre Alltagssituationen, erläutert er die Ursachen fürs »Rätschen« (= Verklagen, Verpetzen), für Ännchens Husten, für die »nervöse« Darmkrankheit einer Schülerin, für eine »nervöse« Handschrift oder für Tierquälerei. Er beschreibt die Situation eines Onanisten, die Lage eines jungen Zwangsneurotikers, eines schwer erziehbaren Knaben und andere Fälle.

Auch in seinem zweiten Werk geht es um Fallanalysen aus dem Schulalltag. *Aus dem unbewußten Seelenleben unserer Schuljugend* (1923) lautet der Titel. Inhaltlich geht es um Selbstbestrafungs-, Sühne- und Opferhandlungen, um die Hintergründe von Sudeleien und Schmierereien, um Träume und Fehlleistungen, um Ängste sowie um einen Wahrheitsfanatiker und seine unbewussten Motive. Zulliger ist über den engen dörflichen Wirkungskreis hinaus bereits einer kleinen Gruppe von Fachgelehrten, interessierten Lehrern und Laien bekannt. Im Laufe der Jahre erscheinen *Gelöste Fesseln* (1927), *Schwierige Schüler* (1935), neu bearbeitete und erweiterte Auflagen unter dem Titel *Schwierige Kinder* (1951ff.), *Heilende Kräfte im kindlichen Spiel* (1952), *Umgang mit dem kindlichen Gewissen*

(1953), *Helfen statt Strafen – auch bei jugendlichen Dieben* (1956), *Horde, Bande, Gemeinschaft* (1961) und viele andere. Übersetzungen in fremde Sprachen erscheinen bereits Ende der zwanziger Jahre. Norweger, Schweden, Spanier, Franzosen, Holländer, Italiener, Portugiesen und andere interessieren sich für den kreativen Schweizer Volksschullehrer und seinen Umgang mit Schülern. In der Schweizerischen Gesellschaft für Psychoanalyse lernt Zulliger Dr. Hermann Rorschach kennen. Die Tests, mit denen Rorschach Kinderanalysen vornahm, faszinieren ihn. Viele Jahre arbeitet er an Modifizierungen und Verbesserungen dieser Tests und entwickelt schließlich eigene Vorlagen. Mindestens ebenso lang wie die Liste seiner wissenschaftlich-fachlichen Publikationen ist die Reihe seiner belletristischen Arbeiten. Es sind Heimatgeschichten, Gedichte, Schwänke, Lustspiele, Abenteuergeschichten und vieles andere mehr. Oft in Schweizer Mundart, mal in Prosa, mal in Versen, immer mit dem Menschen im Mittelpunkt.

Es wäre zweifellos reizvoll, einmal zu untersuchen, inwiefern Zulliger auch in seinem belletristischen Werk psychoanalytische Phänomene behandelt hat, ob zum Beispiel in seinen Komödien und Schwänken Fehlleistungen wie »Vergreifen«, »Versprechen«, »Vergessen« eine Rolle spielen, ob mythische kollektive Ängste in seinen Märchen vorkommen und dergleichen mehr. Ich muss mich an dieser Stelle auf das im engeren Sinne pädagogische Werk beschränken. Ich möchte es mit drei Schwerpunkten vorstellen, die Zulliger sehr wichtig waren, die er immer wieder erwähnt und zu denen er auch Monographien verfasst hat. Die Schwerpunkte werden sein: die Gewissenserziehung, die Eigentumsdelikte und die Sexualerziehung.

Zur Problematik der Gewissensbildung

Gewissen definiert *Meyers Enzyklopädisches Lexikon* als »Urteilsbasis zur (zweifelsfreien) Begründung der allgemeinen persönlichen moralischen Überzeugungen und Normen insbesondere für die eigenen Handlungen und Zwecke wie der einzelnen Urteile aufgrund dieser Überzeugungen«.[3] Das ist eine kompakte Definition, für manchen Leser auch etwas zu abstrakt. Kaum einfacher wird es, wenn man den Ausführungen nachgeht, die schon seit der Antike zu diesem Thema gemacht worden sind. Von den frühen Philosophen, Schriftstellern und Dramatikern bis zu den Theologen des Mittelalters und über die Aufklärung in die gegenwärtige Zeit ließen sich über dieses Thema ganze Bibliotheken füllen. Und nicht ungern zeichnen Pädagogen erst einmal sämtliche Traditionsstränge nach, bevor sie endlich bei dem »eigentlichen« Problem angelangt sind, über das sie referieren oder schreiben möchten. Im Wissenschaftsbetrieb bringt diese Gepflogenheit nicht selten hohes Lob; hat es der Referent oder der Autor hingegen mit Interessenten zu tun, denen eine verbesserte Erziehungspraxis am Herzen liegt, so riskiert er, dass die Zuhörer und Leser längst eingenickt sind, bevor er zum Kern der Sache vorgedrungen ist.

Hans Zulliger gehörte nicht zu den Autoren und Referenten dieses Schlages. Egal, ob er einen Rundfunkvortrag hielt oder vor LehrerInnen und Erziehungswissenschaftlerinnen referierte – stets bevorzugte er den konkreten Fall, an dem er seine theoretischen Überlegungen anstellte. So geschieht es auch in seinem Buch über den *Umgang mit dem kindlichen Gewissen*. Zulliger eröffnet das Problem mit einer alltäglichen Begebenheit:

»Der zehnjährige Sohn eines Bauernknechtes stiehlt auf dem Schulweg ein paar Kirschen. Er reißt sie vom Baume eines Nachbarn. Dieser erblickt, vor seinem Hause stehend, den Plünderer. Er schaut ihm eine Zeit lang zu. Dann findet er, der Bub könnte es endlich genug sein lassen, und er läßt einen Warnpfiff ertönen. Der Knabe läßt vom Aste ab und geht seines Weges weiter. Er begehrt nicht, mit dem Nachbarn in Konflikt zu kommen. Aber er empfindet auch keinerlei Gewissensbisse. Im Gegenteil, er denkt, der Bauer sei ein Geizhals und hätte ihn schmausen lassen sollen. Es mache dem Manne, der viele Kirschbäume besitzt, gar nichts aus, ob er über ein paar Früchte mehr oder weniger verfüge.

Anderteils vergißt der Bauer den Vorfall sofort. Er empört sich keinesfalls darüber, daß ihm der Knechtssohn etwas entwendet hat, und denkt nicht daran, deswegen bei dessen Vater Klage zu führen.

Am andern Tag steht der zehnjährige Sohn des Dorfpfarrers unter dem gleichen Kirschbaum. Die reifen Früchte locken. Der Bub zögert. Er weiß nicht, zu was er sich entscheiden will. Sein Gewissen fordert: ›Du sollst nicht stehlen!‹ Die Stimme seiner Gelüste jedoch ermuntert ihn: ›Nimm nur, es sind so viele Kirschen am Baum – so viele gute Kirschen!‹ Der Knabe blickt sich um, ob ihn wohl jemand beobachte, und da er niemand sieht, pflückt er

Früchte. Da tritt der Landwirt aus dem Stall und ruft erbost: ›Willst du meinen Kirschbaum in Ruhe lassen, oder soll ich dir meinen Hund anhetzen!‹ Der Bub läßt den Ast fahren und läuft erschrocken davon. In der Schule ist er während des ganzen Vormittags unaufmerksam, ›nichts wert‹, wie der Lehrer feststellt. Er kann nicht wissen, daß den Pfarrersbub Gewissensbisse peinigen, und dass diese für ihn wichtiger sind als mündlich Rechnen, Geographie, Aufsatz und Turnen. Am Mittag macht der Knabe einen Umweg nach Hause. Er will nicht am Orte seines ›Verbrechens‹ und am Bauernhause vorüber. Daheim erwartet ihn sein Vater mit vorwurfsvollem Blicke. ›Ach!‹ seufzt er. ›Was man doch mit seinen Kindern für Scherereien hat!‹ Nach dieser vielsagenden Einleitung teilt er dem zerknirschten Sohne mit, der Bauer habe angeläutet, und sie müßten ihn gemeinsam aufsuchen, um ihn wieder zu versöhnen und den Schaden gutzumachen. ›Der Sohn eines Pfarrers ein Obstdieb – hast du denn nicht gefühlt, daß du nicht stehlen darfst – hat dir dein Gewissen nicht geschlagen?‹ jammert der Vater.«[4]

Mit dieser Episode eröffnet Zulliger die Problemsicht. Er versucht zu verdeutlichen, dass das Rechtsgefühl durch verschiedene gesellschaftliche und historische Umstände geprägt ist. Um die Einsicht in diese Abhängigkeit zu vertiefen, stellt er kulturvergleichende Betrachtungen an, die die Annahme einer naturgegebenen Anlage des Gewissens zunächst einmal in Frage stellen. Tatsächlich geht Zulliger jedoch von der Vermutung aus, dass der Keim, die Anlage des Gewissens, jedem normalen Menschen, geistig schwer behinderten einmal ausgenommen, bereits bei der Geburt gegeben ist. Über diese Annahme ließe sich streiten, aber das ist nicht das Interesse Zulligers. Er behauptet auch nicht, dass diese Anlage bereits vollkommen ausgebildet sei, sondern geht davon aus, dass sie einem Entwicklungsprozess unterworfen ist, bei dem die Pädagogik eine zentrale Rolle spielt. In diesem Sinne erläutert er die Erziehungsfaktoren, die Einflüsse der Umwelt und ihre Wechselwirkungen auf die Seele des Kindes. Fazit dieser Erörterungen ist eine Konsequenz für die erzieherische Praxis: Der richtige Weg einer Gewissenspädagogik sei weder die rigide Moralerziehung noch eine libertinistische Haltung des Erziehers, die nichts verbietet und alles nur hinnimmt. Die goldene Mitte sei der beste Weg! Der Erzieher habe die Rolle eines gütigen Vermittlers zwischen der kindlichen Unvollkommenheit und dem gesellschaftlichen Normengebot. So weit zum Gewissen, das durch bewusste erzieherische Handlungen und durch manifeste Umwelteinflüsse gebildet wird. Und damit sind wir bei den Bildungsprozessen, die ins Unbewusste hineinreichen und die sich nicht so ohne weiteres beobachten lassen.

An dieser Stelle beginnt der Ansatz der psychoanalytischen Pädagogik. Zulliger sieht in der ödipalen Phase, in jener Phase des Kindes (im Alter von ca. sechs bis elf Jahren), in der das Kind sich mit dem gegengeschlechtlichen Elternteil identifiziert, wichtige Stationen für die Gewissensbildung. Liebe und Identifikation sind ganz wichtige Voraussetzungen. Ohne Liebe, so demonstriert Zulliger an vielen weiteren Beispielen, ist die Entwicklung des kindlichen Gewissens nicht möglich. Unbewusste Prozesse des Moralischen laufen auch ab, wenn Menschen durch Fehlhaltungen wie Versprechen, Verlaufen, Vergreifen oder andere Aktivitäten ihre Schuld an einem Vergehen eingestehen. Hier stehen die betreffenden Personen unter einem inneren Zwang, dem Geständniszwang. Er darf aber nicht zugelassen werden, wird also unterdrückt und ins Unbewusste verdrängt. Verdrängen heißt aber nicht verschwinden. Verdrängungen können sehr häufig als Fehlleistungen wieder an die Oberfläche kommen, wenn das ICH als Vermittlungsinstanz zwischen dem ES und dem ÜBER-ICH nur einen Augenblick oder länger ausgeschaltet oder in seiner Funktion vermindert ist. Ein solcher Moment kann eintreten im Zustand von »Abwesenheit«, unter Schock oder unter dem Einfluss von Alkohol. Häufig ereignet er sich aber auch in ganz alltäglichen Situationen, ohne besondere Begleitumstände. In diesem Sinne sind auch Selbstbestrafungstendenzen oder durchgeführte Selbstbestrafungen zu deuten. Alltagsbegebenheiten, wie Ungeschicklichkeiten, Pechsträhnen, die Aneinanderreihung von Missgriffen, Unglücksfällen und Ähnliches, können in psychoanalytischer Sicht Selbstbestrafungen sein. Auch sie sind unbewusst. Ohne es zu wollen, fügt sich das Kind oder der Erwachsene ein Leid zu, um damit einen Fehler oder eine böse Tat zu büßen. Das verdrängte Gewissen möchte sich befreien, indem es eine Buße auf sich nimmt.

Zulliger sah auch in der häufig zu beobachtenden *Bandenbildung* eine Reaktion des Gewissens auf unerlaubte Handlungen. Mit dem Eintritt in eine Gruppe, die dieselben Taten begeht, die von der Gesellschaft nicht toleriert werden, schafft sich der Abweichler eine Gemeinschaft Gleichschuldiger. Er ist jetzt nicht mehr durch sein Vergehen isoliert, sondern fühlt sein Gewissen beruhigt, da er in der Gruppe Gleichhandelnder nicht mehr der Außenseiter ist.

Hat man diesen psychischen Mechanismus durchschaut, so ist es leicht, eine praktische pädagogische Konsequenz zu ziehen. Es gilt, »kulturelle Gemeinschaften zu bilden, um damit ein Stück Gewissenserziehung zu leisten; dabei müßte der dem Menschen innewohnende Drang nach Vergesellschaftung ausgewertet werden. Diese Aufgabe kann dann durchgeführt werden, wenn man ihre vielgestaltigen, vielfach verknüpften psychologischen Bedingtheiten erkannt hat.«[5]

Mit den Jahren löste sich Zulliger zunehmend von Einzelbehandlungen im Sinne der oben erwähnten kleinen psychoanalytischen Kinderpsychotherapie und verstand die psychoanalytische Pädagogik mehr und mehr als ein kollektiv-sozialpsychologisches Instrument. Die oben erwähnte Bandenbildung als Gewissensreaktion deutet auch in diese Richtung. Bedeutete Zulligers Hinwendung zu Gruppenphänomenen eine Abkehr von der Psychoanalyse? Wohl nicht. Zulliger blieb seinem individualpsychologischen Ansatz treu, auch wenn er sich mehr und mehr mit sozialpsychologisch-pädagogischen Fragen auseinander setzte wie in seinem Buch über *Horde, Bande, Gemeinschaft* (1961). Hier geht es ihm um die Bildung des rechten Klassengeistes und um die Rolle des Erziehers in diesem Konstitutionsprozess. Eine wichtige Rolle hier und auch bei der Gewissensbildung hat die Vorbild- und Leitfunktion des Erwachsenen. In der Familie Mutter und Vater, Lehrerin und Lehrer innerhalb der Klassengemeinschaft.

»Gleichviel, ob ein Kind von seinen Eltern, von andern Erziehern oder in einem Heim erzogen wird: für seine Gewissensbildung ist immer ausschlaggebend, dass es sich an einen Menschen in Liebe und Achtung binden kann. Das Kind liebt nicht nur die Person eines Erziehers, es liebt schließlich auch dessen vorgelebte moralische Haltung, es verinnerlicht diese und fühlt sie als eigenen Gewissensanspruch.«[6]

Der neue pädagogische Umgang mit Eigentumsdelikten

Kommen wir nun zu dem zweiten Problemfeld, an dem die sensible Deutungs- und Umgangsweise Zulligers mit den Konflikten von Kindern und Jugendlichen veranschaulicht werden soll. Der Umgang mit Diebstahl, oder positiv formuliert, die eingehende Schulung des Gefühls für Eigentum, ist der europäischen Pädagogik von jeher ein vornehmes Anliegen gewesen. Seit den frühen Anfängen der Aufklärungspädagogik wurden die schreibenden Erzieher nicht müde, auf die Wichtigkeit dieses Bereiches hinzuweisen. John Locke (1632–1704), der englische Arzt, Theologe, Diplomat, Volkswirtschaftler, Philosoph und Pädagoge, der nicht zu Unrecht als der Vater der modernen Erziehung bezeichnet wird, wies mit Nachdruck auf die besondere Wichtigkeit hin, Kinder frühzeitig so zu erziehen, dass sie sich nicht in unredlicher Weise anderer Menschen Besitz aneigneten. Rousseau, der sich so sehr für die Freiheit des Individuums eingesetzt hat, nannte jene – die Freiheit – jedoch erst an zweiter Stelle der moralischen Begriffe. Auf den ersten Platz aber setzte er das Gefühl für Eigentum. Auch die deutschen Pädagogen, die zu Beginn des achtzehnten Jahrhunderts die systematische Pädagogik begründeten (zu ihnen gehörten Johann Bernhard Basedow, Joachim Heinrich Campe, Christian Gotthilf Salzmann), legten den allergrößten Nachdruck auf die Schulung der Eigentumsvorstellungen. In ihren Fallgeschichten, mit denen sie den Kindern moralisches Empfinden und tugendhaftes Verhalten beizubringen gedachten, lieferten sie den LeserInnen Beispiele mit schrecklichem Ende, wenn sich der »Held« der Geschichte des Diebstahls schuldig gemacht hatte. Im neunzehnten Jahrhundert, im Wettlauf der gesellschaftlichen Gruppen um Macht, Besitz und Ansehen, wurde die Vermittlung der Eigentumsbegriffe von besonderer Bedeutung, denn wozu nützt die Kumulation des Kapitals, der Erwerb von mobilen und immobilen Gütern, wenn die gesellschaftlich herrschende Moral den Besitz für nichtig erachtet? Deshalb ist es nur folgerichtig, dass die Moralpädagogen des neunzehnten Jahrhunderts den Besitz über alles stellten und die Achtung vor fremdem Eigentum zu einem leitenden Prinzip der Erziehung machten. Hatte ein Kind gegen diese gesellschaftliche Grundregel verstoßen, so setzten mannigfaltige Maßnahmen ein, um die gestörte Ordnung wiederherzustellen. Mit detektivischem Spürsinn hatte der Pädagoge vorzugehen, um den Dieb zu stellen, zu bestrafen und seine Besserung sicherzustellen.

Man kann also wahrlich nicht sagen, dass Hans Zulliger im Trend der Zeit lag, als er einem sensibleren Umgang mit kindlichen und jugendlichen Dieben das Wort redete. In der traditionellen Pädagogik war die Normverletzung bzw. die Bestätigung des gesellschaftlichen Gebots der Anfang und das Ende der erzieherischen Auseinandersetzung. In Zulligers Programm dagegen ist der Diebstahl nur das Signal, der Anlass dafür, den Problemen des Kindes auf den Grund zu gehen. Das soll nicht heißen, dass Zulliger eine anarchistische Position vertreten hätte. Aber Zulliger war misstrauisch gegenüber den traditionellen Methoden, die oft nur das Problem verschlimmerten – und zwar deshalb, weil sie nicht den eigentlichen Ursachen nachgingen, sondern nur die Auswirkungen zu bekämpfen suchten.

Zulliger empfing seine ersten Impulse für eine pädagogische Neureflexion aus den Bereichen der Medizin, der Neurologie, der Psychiatrie und der Kriminalanthropologie. Schon in den frühen zwanziger Jahren wurden systematische Beobachtungen angestellt, die den Verdacht erhärteten, dass manche Diebstähle weder aus Not noch aus Besitzstreben, noch aus einer aggressiven Schädigungsabsicht begangen werden, sondern dass das Motiv nicht selten einen symbolischen Charakter habe. Früh erkannte man, dass zwischen Diebstahl und Sexualität ein Zusammenhang bestehen konnte. Dieses Postulat mag verwundern, wenn man Sexualität nur in einem engeren Sinne versteht. Fasst man den Begriff aber weiter und bezieht all seine psychischen und sozialen Komponenten mit ein, so fällt die Einsicht in die Verbindung dieser beiden Bereiche sicher leichter. Hier zunächst ein Beispiel aus der Erziehungsberatung von Hans Zulliger. Ein zwölfjähriger Knabe begeht fortdauernd Diebstähle, nicht aus niedrigem Besitzstreben, sondern um sich auf diesem Umweg Liebe zu erkaufen.

»Es sei zunächst ein 12jähriger Knabe, *Albert*, geschildert, der sich eine lange Reihe von Gelddiebstählen hat zuschulden kommen lassen. Er ist ein ›mittleres Kind‹. Ein Bruder ist 4 Jahre älter, ein Schwesterchen 2 Jahre jünger. Eine erbliche Belastung besteht nicht. Alberts Geburt enttäuschte seine Eltern. Sie hatten sich ein Mädchen gewünscht, das dann nach 2 Jahren erschien. Der Aelteste und das Töchterchen wurden in der Familie Albert vorgezogen, und der mittlere Bub spielte die Rolle des Prügelknaben und Sündenbocks. Als weiches, introvertiertes und unbehilfliches Kind wußte sich Albert nie recht zu wehren und fühlte sich in seiner Familie heimatlos, in ihm dominierte früh schon ein ›Complexe d'Abandon‹. Als er ins Schulalter kam, entdeckte er, daß er sich am besten dadurch Freundschaften erwerben konnte, indem er seinen Kameraden etwas schenkte. Er ›kaufte‹ Zuneigung, Liebe. Und da er nicht immer im Besitz von Süßigkeiten, Spielzeug usw. war, kam ihm der Gedanke, derlei Dinge in Kaufläden zu erstehen. Fehlte es ihm an Geld, so entwendete er solches, wo sich Gelegenheit dazu bot: im Haushaltkäßchen der Mutter, in der Badanstalt, schließlich bei einem Metzger, über dessen Ladenkasse.

Der Jugendanwalt, dem Albert gemeldet wurde, holte ein psychologisch-pädagogisches Gutachten ein. Es erwies sich, daß der Bub, wenn er in Besitz von Süßigkeiten gekommen war, jeweilen nur den geringsten Teil davon selbst geschleckt hatte: vielmehr hatte er beinahe alles an Kameraden verteilt. Dabei handelte es sich nicht darum, daß Albert durch Veräußerung des auf unrechte Art erworbenen Gutes von seinen Schuldgefühlen loskommen wollte. Vielmehr begehrte er, Freunde zu gewinnen oder Freundschaften zu vertiefen. Er wollte aus der Kälte und Isolierung, die ihn im Elternhause bedrängte, herauskommen.«[7]

Das Problem des Knaben war also, dass er sich ungeliebt fühlte. Das Geld, das er sich aneignete, war ihm der Ersatz für die versagte Liebe. Durch ihr Fehlen war ihm auch der Zugang zu den gleichaltrigen Schulkameraden verbaut. Er öffnete sich jedoch den Weg durch die Süßigkeiten, mit denen er sich die Zuneigung der Kameraden erkaufte, mit der er dann die versagte Liebe der Eltern zu kompensieren versuchte.

Unkonventionell wie die Analysen sind auch die Maßnahmen, mit denen die Erziehungsberatung den Diebstahl oder vielmehr die Ursachen von Diebstahl behandelt.

Das Fazit lässt sich abschließend in negativer Perspektive bündiger ziehen. Unerbittliche Normenpropaganda, persönliche Abtadelung und Strafen in jeder Form bringen Erzieher und Zöglinge kaum weiter. *Helfen statt Strafen – auch bei jugendlichen Dieben* (1956) lautet diesbezüglich ein Buchtitel Zulligers, der die neue pädagogische Richtung angibt.

Sexuelle Entwicklung und Erziehung

Als getreuer Anhänger von Sigmund Freud hat Hans Zulliger sich schon zu Beginn seiner Lehrerlaufbahn Gedanken um die *sexuelle Entwicklung* seiner SchülerInnen gemacht. Sexuelle Motive spielen in Zulligers Fallanalysen häufig eine Rolle, auch wenn es vordergründig betrachtet um ganz andere Dinge geht. Diebstähle, Gewalttätigkeiten gegen MitschülerInnen oder gegen Tiere, Unaufmerksamkeit im Unterricht oder Arbeitshemmungen können Ursachen haben, die in einer gestörten sexuellen Entwicklung liegen. Schon in seinem ersten Werk, 1921, ging Zulliger solchen verschütteten Sexualmotiven nach, als er z.B. den Fall eines dreizehnjährigen Tierquälers schilderte und analysierte. In der gleichen Schrift widmete er sich auch dem Problem der *Jugendonanie* sowie der *Schülerliebe* und den daraus entstehenden Konflikten. Zulliger hat aber auch eine kleine Monographie über *Sexualerziehung und geschlechtliche Aufklärung der Kinder* verfasst, die 1963 erschien. In diesem für die Hand der Eltern gedachten Buch schreibt er über die Triebentwicklung des Kindes, über die Pubertätszeit von Mädchen und Jungen, über Sexualaufklärung und Sexualerziehung, über Perversionen und über »Unzuchtsfälle mit Kindern«, die wir heute als *sexuelle Gewalt gegen Kinder* bezeichnen.

In der Frage des Sexualitätsbegriffs war Zulliger ganz an Freud orientiert. Wie er ging er von einem umfassenden Sexualitätsbegriff aus, der sich mit der Geburt des Kindes phasenweise entwickelt. Die Behandlung der sexuellen Frage sah er als ein historisch gewachsenes gesellschaftliches Problem an. So fügt er einen Abschnitt über die Sexualerziehung bei den »Primitivvölkern« in sein Buch ein, bevor er auf hiesige Probleme der Sexualaufklärung eingeht. Seine Ausführungen über die Information der Kinder sind ganz an den Stufen des kindlichen Sexualinteresses orientiert: Unterschiede der Geschlechter, Schwangerschaft, Geburt und Zeugung. Sieht man einmal von der etwas betulichen und oft paternalistisch anmutenden Diktion Zulligers ab, so sind seine Ausführungen durchaus modern. Dieser Umstand ist umso höher zu bewerten, als Zulliger seine Ausführungen in einer Zeit zu Papier brachte, als im deutschsprachigen Raum kaum etwas Brauchbares für die Aufklärung von Kindern und Jugendlichen vorlag.

Wer um 1963, als Zulligers Buch über Sexualerziehung und geschlechtliche Aufklärung der Kinder erschien, die Schule besuchte, konnte nicht damit rechnen, jemals eine Stunde Sexualerziehung zu erleben. Entsprechend dürftig war das Angebot, das über die Medien verbreitet wurde. Im Elternhaus war das Thema gleichermaßen tabuisiert. Dass Zulliger in anderen Fragen eher rückständig anmutet, hat mit zwei Tatsachen zu tun. Erstens mit der rasanten Entwicklung der sexuellen Frage in den letzten dreißig Jahren und zweitens mit seiner bedingungslosen Orientierung an Freud, wenn es um die Bewertung von sexuellem Verhalten geht. Das betrifft nicht zuletzt die Beurteilung von Onanie.[8]

Nach Freud hatte die sexuelle Entwicklung im »reifen Sexualprimat« zu enden. Damit war der heterosexuelle Geschlechtsverkehr gemeint. Mit dieser Wertung war klar, dass die Onanie nur als eine vorübergehende Erscheinung geduldet werden konnte. Freud und die Psychoanalyse setzten auf die *Sublimierung*. Die Heranreifenden sollten ihre sexuellen Bedürfnisse in Bestrebungen umwandeln, die nicht direkt mit der Sexualität in Verbindung standen bzw. deren sexueller Charakter nicht mehr erkennbar war. In diesem Sinne hält Zulliger die Überwindung der Neigung für nötig und auch für möglich. Inwieweit Erzieher mit dieser Forderung Erfolg hatten oder ob sie mit ihrer Erwartung nur den Druck auf die Zöglinge vergrößert haben, sei dahingestellt.

Beurteilt man Zulligers Fallgeschichten mit den Kriterien einer emanzipatorischen Sexualpädagogik, wie sie zu Beginn des zwanzigsten Jahrhunderts definiert wurde, so gibt die Einschätzung der Onanie und das erklärte Ziel, das »Uebel« zu überwinden, Hinweise auf ein heute als problematisch eingeschätztes Sexualitätsverständnis. Setzt man den Text Zulligers jedoch in Beziehung zu dem, was sich gleichzeitig – nicht nur im deutschsprachigen Raum – als Sexualaufklärung präsentierte, so wird das humane Anliegen des psychoanalytischen Ansatzes in der Pädagogik Zulligers deutlich. Bis in die siebziger Jahre des zwanzigsten Jahrhunderts hinein war es üblich, die Masturbation als gefährliche Krankheit oder als Ursache von schweren psychischen und physischen Leiden herauszustellen. Zulliger verzichtet auf Drohungen dieser Art. Er möchte nicht, dass Selbstbefriedigung zu einer Zwangshandlung gegen die Autorität der Erzieher wird. Zulliger setzt auf Kräfte, die das Selbstbewusstsein der Jugendlichen stärken, statt sie mit unerfüllbaren Forderungen einzuschüchtern.

Mit dem »reifen Genitalprimat« hat auch Zulligers Bewertung der Homosexualität zu tun. Freud konnte sie nicht als gleichwertige Sexualform neben der Heterosexualität anerkennen. Zulliger vermengt diese Einschätzung mit den allgemeinen Vorurteilen seiner Zeit. Da gleichgeschlechtliche Liebe unter Männern um 1960 noch europaweit strafbar war, hatte Zulliger keine Chance, an diesem Punkte eine Neureflexion einzuleiten, und es versteht sich auch, dass er der Sublimierungsthese treu bleibt, wenn es um die Beziehungs- und Sexualprobleme der Heranwachsenden geht.[9] Hier ist er bemüht, zwischen den Jugendlichen, die ihre Erfahrungen mit Verliebtheit und Liebe machen, und jenen Erwachsenen, die vergessen haben, dass sie auch einmal jung waren, zu vermitteln. Es geht ihm darum, auf beiden Seiten um Verständnis zu werben, die Probleme der Jugendlichen deutlich zu machen und Erwachsenen mit gar zu strengen Moralvorstellungen einen gangbaren Weg zu weisen.

Hans Zulliger hat vielen Erziehern für Erziehungsprobleme, die nicht offensichtlich waren, die Augen geöffnet. Aber er war realistisch genug, die Grenzen der Erforschung seelischer Zustände zu erkennen. Kurz vor seinem Tod, der ihn am 18. Oktober 1965 in Ittingen ereilte, schrieb er:

»Wir können das Seelische eines Menschen überhaupt nie völlig durchleuchten und durchschauen. Seine letzten Rätsel werden wohl immer ungeklärt bleiben, obwohl uns heute die tiefenpsychologischen Arbeitsweisen zur Verfügung stehen. Wir müssen uns damit bescheiden, dass uns die Neuzeit Mittel und Techniken gebracht hat, um mancherlei verstehen zu können, was uns früher unerklärlich oder befremdend erschienen ist – und wir wollen uns immer bewußt bleiben, daß auch die Psychologie als Wissenschaft den Stein der Weisen nicht hat finden können.«[10]

Anmerkungen

1 Freud, Sigmund und Pfister, Oskar: Briefe 1909–1939. Hrsg. von E. L. Freud. Frankfurt/M. 1963.
2 Zit. nach: Hans Zulliger. Eine Biographie und Würdi-

gung seines Wirkens. Hg. von Werner Kasser. Bern und Stuttgart 1963, S. 38.
3 Artikel »Gewissen«. In: Meyers Enzyklopädisches Lexikon. Band 10, 9. Aufl., Mannheim, Wien und Zürich 1974, S. 306.
4 Zulliger, Hans: Umgang mit dem kindlichen Gewissen. 2. Aufl., Stuttgart 1954, S. 11f.
5 Ebd.
6 Zit. nach: Hans Zulliger. Eine Biographie..., a.a.O., S. 101.
7 Zulliger, Hans: Ueber symbolische Diebstähle von Kindern und Jugendlichen. Reihe: Arbeiten zur Psychohygiene. Aus dem soziologischen Seminar des Instituts für Psycho-Hygiene in Biel. Biel 1950, S. 3f. Siehe zu diesem Problem auch: Ders.: Helfen statt strafen – auch bei jugendlichen Dieben. Stuttgart 1956; Ders.: Hintergründige Triebfedern von Eigentumsdelikten. Eine Einzelfallstudie. In: Ders.: Gespräche über Erziehung. Bern und Stuttgart 1960, S. 107-133.
8 Vgl. Zulliger, Hans: Psychoanalytische Erfahrungen aus der Volksschulpraxis. Bern und Leipzig 1921, S. 90ff.
9 Vgl. auch Zulliger, Hans: Gelöste Fesseln. Studien, Erlebnisse, Erfahrungen. Dresden 1927, S. 156ff; Ders.: Gespräche über Erziehung. Bern 1960, S. 134ff.
10 Zulliger, Hans: Einführung in die Kinderseelenkunde. Nachgelassene Vorlesungen. Bern und Stuttgart 1967, S. 8.

Bruno Bettelheim

> »Idealerweise sollte man sich ... seiner Elternschaft und der Beziehung zu seinem Kind sicher sein, wenn man seiner Aufgabe als Mutter oder Vater gerecht werden will. Man sollte so sicher sein, daß man sich zwar gründlich überlegt, was man in bezug auf sein Kind tut, daß man aber andererseits nicht überängstlich ist und somit fürchtet, dieser Aufgabe nicht gerecht zu werden. Diese innere Sicherheit der Eltern wird schließlich auch bewirken, daß das Kind sich seiner selbst sicher wird. Aus diesem Grund finde ich es außerordentlich wichtig, in Eltern keine Angst- oder Schuldgefühle zu wecken, sondern ihnen vielmehr das Gefühl zu geben: ›Was ich tue, ist richtig‹, oder wenigstens: ›So möchte ich es machen‹. Kurz gesagt, hoffe ich ... zumindest eines zu erreichen: daß Eltern sicherer werden und ihre Angst vor Fehlern etwas verlieren.«
> Bruno Bettelheim

Der Weg zur Psychoanalyse

Als Bruno Bettelheim 1903 in Wien geboren wurde, neigte sich die lange Epoche der Habsburger dem Ende zu. Das Fin de siècle kündigte in mancherlei Beziehung auch einen gesellschaftlichen Umbruch und das Ende jahrhundertelanger Traditionen an. Die militärische Niederlage gegen Preußen 1866 bei Königgrätz war der Anfang einer Ablösung der Vormachtstellung in Europa, fünf Jahre später, 1871, mit der deutschen Einheit, wurde Berlin zum politischen, kulturellen und geistigen Zentrum der deutschsprachigen Welt. Das Reich der Habsburger zerfiel. Nach der Niederlage gegen Preußen mussten die letzten Gebiete in Italien abgetreten werden. Wirtschaftskrisen und wachsende soziale Probleme bestimmten das sozialpsychologische Klima. Das heißt nicht, dass die traditionsreiche Kultur, dass Musik, Theater, Malerei, Literatur und Wissenschaft keinen Stellenwert mehr gehabt hätten. Im Gegenteil: Johann Strauß' Name stand für die Blüte des Wiener Walzers, Josef Kainz für die Tradition der großen Schauspielkunst, Arthur Schnitzler für ein neues Drama. Gustav Klimt und Egon Schiele sind bis heute bedeutende Namen in der Malerei.

All diesen Erscheinungen der kulturellen Szene haftete jedoch zugleich auch das Signum der Dekadenz und des Verfalls an. Die Wiener Kunst stand in enger Assoziation mit Untergang und Tod. Und noch eine weitere Verbindung war in diesem Zusammenhang auszumachen: Die Verbindung von Tod und Sexualität. In diesem sozialpsychologischen Klima entstanden die ersten systematischen Studien der Psychoanalyse, in dieser Gesellschaft entstand das Werk von Sigmund Freud. Bruno Bettelheim hat in den achtziger Jahren einmal gesagt, dass es kein Zufall sein könne, dass die Psychoanalyse ausgerechnet im Wien der Jahrhundertwende geboren wurde und dort auch heranreifte. Und in der Tat: Die Parallelen, die sich zwischen der Psychoanalyse und den sozialen und kulturellen Erscheinungen aufweisen lassen, sind auffällig und verraten ihren Ursprung im gemeinsamen morbiden gesellschaftlichen Untergrund.

Den ersten Kontakt zur Psychoanalyse bekam man in ihrer Frühzeit nicht über wissenschaftliche Medien, sondern über persönliche Kontakte. Das war bei Bruno Bettelheim nicht anders. Im Jahre 1917, als der Dreizehnjährige dem *Jung-Wandervogel* beigetreten war (der sich als sozialistisch und pazifistisch verstand), machte er nicht nur seine ersten Erfahrungen mit Schwärmerei und Liebe, sondern lernte auch einen jungen Medizinstudenten kennen, der die Gruppe in die Grundlagen der Psychoanalyse einweihte. Dieser Medizinstudent war kein Geringerer als Otto Fenichel, ein langjähriger Schüler Freuds, der sich später mit Wilhelm Reich verband und innerhalb der Psychoanalyse eine marxistische Position zu erarbeiten versuchte.[1] Und so kam Bruno Bettelheim an die *Psychopathologie des Alltagslebens* und an die Lektüre von *Der Witz und seine Beziehung zum Unbewussten*, zwei Werke, die auch heute noch ein guter Einstieg in diese Materie sind. Bettelheim war auf Anhieb fasziniert und voller Überzeugung, dass dieser neue Ansatz einen entscheidenden Durchbruch für sein Leben darstelle. Als er Mitte Zwanzig ist, begibt er sich in die Analyse, nicht zuletzt auch deshalb, weil er sich über seine beruflichen Wünsche nicht ganz im Klaren war.

Gerne hätte Bettelheim eine akademische Laufbahn eingeschlagen, gerne wäre er Professor an der ehrwürdigen Wiener Universität geworden. Aber die

Chancen, als Jude einen Lehrstuhl zu erhalten, waren in den zwanziger Jahren gleich Null. Bettelheim studierte Germanistik, Philosophie und Geschichte. Nicht sonderlich systematisch, aber durchaus mit Interesse und Engagement; eine berufliche Tätigkeit ließ sich aus diesen Neigungen jedoch nicht ohne weiteres ableiten. Dem Beispiel von Freunden zu folgen und sich ganz der Psychoanalyse zu widmen, um Analytiker zu werden, schien ihm nicht attraktiv zu sein. Lange blieb die Entscheidung offen. Er stand allerdings auch nicht unter ökonomischen Zwängen. Bettelheim hatte eine Firma geerbt, die ihm den Lebensunterhalt sicherte. Aber das Geschäftsleben war ihm zuwider. In dieser Phase, die durch Unentschlossenheit, Unzufriedenheit, Depression und durch Minderwertigkeitsgefühle bestimmt war, entschloss sich Bettelheim, eine Psychoanalyse zu machen. Sein Analytiker wurde der nur unwesentlich ältere Richard Sterba. Noch am Ende seines Lebens hat Bettelheim die partnerschaftliche Haltung Sterbas gerühmt, die dieser als Analytiker eingenommen habe. Diese Offenheit und Bereitschaft, zusammen mit dem Analysanden die Erkundung vorzunehmen, besäßen heute nur wenige. Die meisten gegenwärtigen Analytiker – so Bettelheim – fühlten sich den Patienten überlegen und entschieden allein von sich aus darüber, was zum Besten der Patienten getan werden müsse. Im Verhältnis von Dr. Sterba und Bruno Bettelheim waren die Rollen anders gewichtet. Dennoch erschien Bettelheim die Analyse im Laufe der Zeit ein wenig fragwürdig, weil sie recht lange andauerte. Er berichtet aus dieser Zeit von einem Schlüsselerlebnis, das für seine spätere

Lebens- und Berufseinstellung bestimmend werden sollte. In dem Wartezimmer traf er regelmäßig mit einem psychotischen Jungen zusammen, der die Neigung hatte, stachelige Kaktusblätter zu kauen, mit denen er sich Lippen, Zunge, Zahnfleisch und Mundschleimhäute verletzte. Der Junge, den Bettelheim mit dem Namen Fränzchen vorstellt, war Patient von Frau Dr. Sterba, der Gattin von Richard Sterba. Eines Tages, als Bettelheim von Zweifel und Überdruss an der Analyse erfüllt war, sprach er den Jungen, von dem er noch keinen zusammenhängenden Satz gehört hatte, an.

»Fränzchen«, sagte Bettelheim, »ich weiß zwar nicht, wie lange du schon zu Frau Dr. Sterba kommst, aber doch wohl schon zwei Jahre, denn so lange kenne ich dich bereits, und noch immer kaust du diese Kaktusblätter!«

Der Junge sah ihn an – und sagte: »Was sind schon zwei Jahre gegen die Ewigkeit?!«[2]

Bettelheim begriff durch diese Episode, dass er mehrere Fehler gemacht hatte, die ihm für viele Erziehungs- und Analyseverhältnisse symptomatisch erschienen: Er hatte erstens seine eigenen Probleme – seine Zweifel am Wert der Psychoanalyse – auf den Jungen übertragen. Er hatte selbstsüchtig gehandelt, dabei aber seine Selbstsucht mit der Besorgnis um den Jungen bemäntelt. Der zweite Fehler war die Neigung zur Ungeduld. Fränzchen hatte ihm mit seiner entwaffnenden Bemerkung nahe gelegt, ein anderes Gefühl für die Zeit zu entwickeln.

Bettelheim lernte durch diese Episode, dass es keinem Menschen, ob Vater, Mutter, Erzieher oder Analytiker, ansteht, der Zeit eine Grenze zu setzen. Wenn Eltern, Lehrer oder Erzieher das Kind drängeln, wenn sie der Wunsch bestimmt, den Erziehunsprozess, den Lernvorgang oder die Analyse zu beschleunigen, so folgen sie dem Druck, der von ihrer eigenen Angst diktiert wird. Bettelheim hat diese Lektion aus dem Wartezimmer sein Leben lang nicht vergessen. Später, in seiner Arbeit mit psychotischen Kindern, wurde die Einstellung zur Zeit die bestimmende Kategorie seines pädagogischen Handelns.

»Nur wenn man solchen Kindern unbeschränkt Zeit ließ, lernten sie begreifen, daß ich auf ihrer Seite und nicht gegen sie war; sie sahen in allen Personen ihrer Umwelt ja nur Leute, die sie ständig dazu bringen wollten, sich anders zu betragen. Ermutigte man sie jedoch auf der Basis ihres Zeitgefühls, war das für sie ein Beweis, daß wir unter Berücksichtigung ihres Erfahrens der Welt ihre Reaktionen als für sie so begründet ansahen wie die unseren für uns.«[3]

Und hiermit hing eine weitere Lehre zusammen, die Bettelheim aus dem Wartezimmer der Sterbas für seine spätere Arbeit mitnahm. Das Verhalten der Menschen, seien sie nun Kleinkinder, Schüler, erwachsene Patienten oder Nichtpatienten, lässt sich *nicht* aus dem Bezugssystem der Eltern, Lehrer oder Psychoanalytiker, sondern einzig und allein aus dem Bezugssystem derjenigen verstehen, um die es in der Analyse oder in der Erziehung geht.

Bruno Bettelheim hat die Lehren beherzigt. Ganz besonders im Falle eines autistischen Kindes, das von seiner wohlhabenden Mutter von Amerika in die

Schweiz zu Jean Piaget gebracht und dann Sigmund und Anna Freud in Wien vorgestellt wurde.

Für Autismus gab es in den zwanziger Jahren noch keine Diagnose. Einigkeit bestand unter Piaget und den Freuds aber darüber, dass eine Analyse nicht ausreichend sei, dass das Kind vielmehr in einer geeigneten Familie untergebracht werden müsse. Bruno Bettelheim und seine Frau nahmen das Kind auf. Man dachte zunächst an einen Zeitraum von einigen Monaten. Aus diesem kurzen Zeitraum wurden dann volle sieben Jahre. Eine lange Zeit! Doch: Was sind schon sieben Jahre gegen die Ewigkeit?

Verhalten in Extremsituationen: Die Erfahrung des Konzentrationslagers

Ein weiteres Schlüsselerlebnis in der Biographie Bettelheims resultiert aus der leiblichen, im wahrsten Sinne des Wortes existenziellen Bedrohung, die er in deutschen Konzentrationslagern erfuhr.

Am 12. März 1938 marschierten die deutschen Truppen in Österreich ein. Schon wenige Tage später war klar, dass die antisemitischen Drohungen nicht nur Parolen zur Aufputschung nationaler Emotionen waren. Die Nachstellungen folgten dem Einmarsch auf dem Fuße. Wer mobil war, packte seine Sachen und floh sofort, andere, wie Egon Friedell, gerieten in Panik und begingen Selbstmord. Der weltberühmte Sigmund Freud, fast im neunten Lebensjahrzehnt stehend und todkrank, versucht ein Überleben bzw. sein Sterben in Wien. Im Jahre 1938 muss er einsehen, dass es nicht geht. Zusammen mit seiner Tochter Anna begibt er sich in die Emigration, über Paris nach London, wo er 1939 stirbt.

Bruno Bettelheim wird noch im März 1938 verhaftet. Zusammen mit vielen anderen wird er nach Dachau ins Konzentrationslager transportiert; auf dem Wege dorthin misshandelt man ihn so sehr, dass er als Schwerkranker im Lager eintrifft. Er wird auf die Krankenstation gebracht, weil sein Gesundheitszustand die anstehende Schwerstarbeit zunächst nicht zulässt. Diese wenigen Tage im Krankenbett erweisen sich für ihn als Überlebenschance. Nicht nur für seinen malträtierten Körper, sondern auch für seine psychische Konstitution. Bettelheim nutzt die Zeit im Krankenbett zu einer Selbsttherapie. Durch Reflexion der Verhaftung und des Transports gelingt es ihm, eine Distanz zu den Geschehnissen herzustellen, die sein psychisches Abwehrsystem stabilisiert. Durch diese Stärkung seines Ichs ist es ihm möglich, für sich die Rolle eines Beobachters einzunehmen. Er sieht, dass viele Mitleidende durch die Lagerverhältnisse in ihrer Persönlichkeit entstrukturiert werden. Das genau ist das Ziel der NS-Schergen, die persönliche Identität und Selbstachtung der Lagerinsassen zu zerstören. Bettelheim beobachtet. Er sieht, dass das Lager die beabsichtigten Auswirkungen nicht verfehlt. Er setzt sich mit den Verzweifelten, die ihre Identität verlieren, auseinander, befragt sie, macht sich Notizen, prägt sich die Erfahrungen fest ein. Hier wirkt bei ihm – wie er später analysiert – ein Abwehrmechanismus. Durch die analysierende Beschäftigung mit seinen Leidensgenossen gewinnt er einen gewissen Abstand, kann er seine eigene Situation besser begreifen und verarbeiten. So gelingt es ihm, sich seine Selbstachtung zu erhalten und sein Inneres zu schützen, um dieses unbeschadet in jene Zeit zu retten, die er – vielleicht – wieder außerhalb des Konzentrationslagers würde erleben können. Doch zunächst sah es nicht so aus, dass er jemals wieder frei sein würde. Von Dachau wird Bettelheim ins KZ Buchenwald verlegt. Auch dieses Lager ist eine Stätte des Grauens. Wie zuvor in Dachau muss Bettelheim erleben, wie die Insassen reihenweise zu sozialen und körperlichen Krüppeln werden, bevor die meisten schließlich unter elenden Bedingungen sterben. Ein Jahr lang lebt Bettelheim in diesem Lager. Ein Jahr lang teilt sich sein Leben in die Rolle des Beobachters und in die des Mitleidenden. Das führte zu schizophrenen Situationen, in denen er sich oft die Frage stellt, ob er bereits verrückt oder auf dem besten Wege in den Zustand des Verrücktseins sei.

Bettelheim hatte Glück. Durch einflussreiche amerikanische Freunde gelangte er 1939 wieder in die Freiheit – im doppelten Sinne. Die Tore des Konzentrationslagers öffneten sich für ihn, und zugleich erhielt er eine Ausreisegenehmigung nach Amerika. Nach seiner Ankunft in den Vereinigten Staaten machte er sich sogleich daran, seine traumatischen Erfahrungen zu verarbeiten. In seiner Abhandlung, die später auch in deutscher Sprache erschien, versuchte Bettelheim, *individuelles und Massenverhalten in Extremsituationen* zu beschreiben.[4] Bettelheim bringt seine persönlichen Erfahrungen und Beobachtungen zu Papier. Er entwickelt Typologien des Verhaltens, sieht schichtenspezifische Auswirkungen, hat aber vor allen Dingen den

Eindruck, dass das Lager auf jene Insassen besonders zerstörerische Effekte hat, die vor der Internierung nicht die Gelegenheit hatten, ein autonomes Ich zu entwickeln. Eine solche Entwicklung stand nicht notwendigerweise im Zusammenhang mit einer gehobenen sozialen Stellung des Inhaftierten in seinem zivilen Leben. Es schien eher typisch zu sein, dass diejenigen, die in ihrem bisherigen Leben sehr an äußerlichem Besitz, an sozialer Reputation, an Titeln und Ämtern hingen, gegenüber den Belastungen des Konzentrationslagers am wenigsten geschützt waren.

Doch Bruno Bettelheim zieht auch eine erzieherische Bilanz aus seinen Erfahrungen im Konzentrationslager. Sie ergibt sich aus der Beobachtung, dass diejenigen, die an äußeren gesellschaftlichen Gütern orientiert waren, am ehesten zusammengebrochen sind. Umgekehrt kann man sagen, dass ein Überleben in Extremsituationen eine positive Beziehung des ICH gegenüber sich selbst, also Selbstachtung, voraussetzt sowie ein ausgeglichenes Verhältnis des ICH zum ÜBER-ICH und zum ES. Dazu gehört die Fähigkeit, Beziehungen zu Mitmenschen aufzubauen, sich mit ihnen auseinander zu setzen.

Mit der einmaligen Niederschrift seiner KZ-Erfahrungen war es nicht getan. Bettelheim sollte sich im Laufe seines Lebens immer wieder mit den Schrecken seiner Internierung auseinander setzen. Der Zusammenbruch des deutschen Faschismus setzte da keinen Schlusspunkt, sondern rollte vieles von Neuem auf. In Amerika hatte man lange Zeit nicht die geringste Ahnung über das tatsächliche Ausmaß der Nazi-Verbrechen in den Konzentrationslagern. Die Arglosigkeit war so groß, dass der berühmte Filmregisseur Ernst Lubitsch noch 1942 eine Komödie mit KZ-Motiven inszenieren konnte, die heftig belacht wurde *(Sein oder Nichtsein)*. Als 1945 das wahre Geschehen des millionenfachen Mordes bekannt wurde, stellte sich bei denen, die das Konzentrationslager überlebt hatten, oft ein diffuses Schuldgefühl ein. Viele, die als einzige einer großen Familie und Verwandtschaft davongekommen waren, plagte die Frage, warum habe gerade ich überlebt. So ging es auch Bruno Bettelheim. Der Auseinandersetzung mit den Erfahrungen in Extremsituationen musste er sich bis ins hohe Alter stellen. Sie war nicht nur Programm seiner Psychologie, sondern auch immer wieder der erst mit dem Tod endende Versuch, die Schrecken der Konzentrationslager zu verarbeiten.

Arbeit mit psychisch gestörten Kindern und »Normalerziehung«

Das umfangreiche Werk Bruno Bettelheims soll hier unter zwei zentralen Gesichtspunkten vorgestellt werden. Einmal unter dem Aspekt der so genannten »Normalerziehung« und zum anderen unter dem Aspekt seiner Arbeit mit psychisch schwer gestörten Kindern. Dass beide Bereiche nicht streng voneinander getrennt werden können, sich Überschneidungen ergeben, etwa beim Menschenbild oder bei den pädagogischen Grundprinzipien, liegt auf der Hand.

Zunächst zu der Arbeit mit Kindern im »normalen« Erziehungsalltag. Bettelheim hat sich in vielen Schriften, Büchern, Essays, Interviews und öffentlichen Stellungnahmen an Eltern und Erzieher gewandt. Stets hat er versucht, bei seinen Lesern und Hörern um Verständnis für das Kind zu werben, oft, indem er ihnen die verborgenen Motive des kindlichen Denkens und Handelns zu entschlüsseln versuchte. Es gibt wohl keinen Erziehungswissenschaftler und praktischen Pädagogen in der Gegenwart, der eine solche Breitenwirkung erzielt hat (mit Ausnahme Maria Montessoris).

Bettelheims Bücher sind international verbreitet. Er ist zweifellos der Pädagoge, der den psychoanalytischen Ansatz der Erziehung einem breiten Publikum nahe gebracht hat.

In seinem Buch *Ein Leben für Kinder* fasst Bettelheim Erkenntnisse zusammen, die er im Laufe seines Lebens über die Erziehung gewonnen und stets aufs Neue überdacht hat. Dabei ist er sich der Problematik bewusst, die darin besteht, dass LeserInnen seiner Bücher oft Eltern sind, die praktische Ratschläge für die Erziehung ihrer Kinder erwarten. Dieser Erwartung muss sich Bettelheim entziehen, weil er weiß, dass es unmöglich ist, über ein Buch konkrete Hilfen für konkrete Situationen zu vermitteln. Ein Pädagogikbuch kann nicht mehr leisten, als auf allgemeine Probleme der Erziehung einzugehen; dabei können zwar Ursachen und ihre Bedeutung aufgezeigt werden, aber auch diese nur in allgemeiner Form und als Anstoß zum Nachdenken, nicht aber als konkretes Lösungsangebot für den akuten Fall eines von Erziehungsnöten geplagten Lesers. In diesem Sinne geht Bettelheim auf die Problematik der Angst ein, die das Erziehungsverhältnis oft belastet. Eltern neigen dazu, ihre eigenen, oft unbewussten – in jedem Falle aber nicht verarbeiteten – Ängste auf die Kinder zu übertragen. Das geschieht in vielen Alltagssituationen, sehr häufig auch in der Beurteilung von Schulleistungen. Eltern plagt oft die Furcht, dass ihr Kind nicht dem Konkurrenzdruck gewachsen sei, dass es bei der Wahl einer weiterführenden Schule ins Hintertreffen geraten könne und dass die sozialen Erwartungen enttäuscht werden könnten. Das führt oft zu Streitereien unter den Eltern und zwischen Eltern und Kind. Der ärgste Feind ist hier die Ungeduld. Eltern sind oft nicht bereit und in der Lage, die Motive ihres Kindes für einen Nebenweg zu erkennen. Das Kind soll den geraden Weg zum Ziel gehen, nicht aber Umwege. Bettelheim zeigt den Eltern, wie wichtig die eigenen Erfahrungen des Kindes sind, dass sich Eltern und Kinder durchaus einig im Ziel sein können, dass diese Einigkeit oft aber durch die Unkenntnis der kindlichen Motive für eigene Wege verdeckt wird. So wird das Kind ständig unter Druck gesetzt, sich zu rechtfertigen und Erklärungen abzugeben für Handlungsweisen, die die Eltern prinzipiell nicht billigen können. Ein schlimmer Kreislauf wird in Gang gesetzt, aus dem weder Kinder noch Eltern so ohne weiteres ausbrechen können.

Bettelheim fordert die *Empathie* der Erwachsenen für die Kinder. Empathie ist der ständige Versuch, so zu fühlen wie die Kinder. Kinder sind überfordert, wenn man ihnen eine verstandesmäßige, verbale Begründung für ihre innersten Motive abverlangt. Sie können dieser Erwartung nicht entsprechen, weil vieles davon ihrem Bewusstsein noch gar nicht zugänglich ist. Ohne Einfühlung, ohne Nachempfindung wird jeder Eingriff des Erziehers zu einem Störfaktor in der Entwicklung des Kindes. Empathie bedeutet, sich in die Lage des Kindes zu versetzen, sich die Situation zu verdeutlichen, in der es sich befindet, und sich zu fragen, wie man unter den gegebenen Umständen denken oder handeln würde. Der häufigste Erziehungsfehler besteht darin, die Lage aus der Perspektive der Erwachsenen zu beurteilen. Diese Beurteilung durch die Erwachsenen ist eng vermischt mit Erwartungen und Wünschen, die von dem Kinde übernommen werden sollen. Bei dieser Haltung ist das Scheitern des Erziehers in doppeltem Sinne vorprogrammiert. Erstens gelingt es ihm nicht, die Situation richtig zu analysieren, zweitens scheitert er mit dem Vorhaben, dem Kind seine Zielvorstellungen zu oktroyieren. Ist dieses Stadium der Auseinandersetzung erreicht, so versuchen die Eltern häufig, ihren Willen über disziplinarische Maßnahmen durchzusetzen. Bettelheim war kein antiautoritärer Erzieher, aber er sah keine Möglichkeiten, einen verfehlten pädagogischen Grundansatz über disziplinarische Maßnahmen zu korrigieren. Es gelte zwischen einer äußerlich aufgezwungenen Disziplin und der Disziplin zu unterscheiden, die durch die Identifizierung mit einem verehrten Menschen begründet ist. In diesem Sinne beurteilt Bettelheim auch die *Strafe* in der Erziehung. »Strafen können zum Schweigen bringen, aber sie können nicht überzeugen.« Diesen Satz des englischen Dichters Samuel Johnson (1709–1784) stellt Bettelheim seinen Überlegungen zur Strafe als Motto voran.

»Jede Strafe – ob sie körperlicher oder seelischer Art ist – nimmt uns gegen den ein, der sie austeilt. Und dabei sollten wir bedenken, dass eine Verletzung unserer Gefühle auf die Dauer viel schmerzhafter sein kann als körperlicher Schmerz.«[5]

Viel wichtiger, als negatives Verhalten zu tadeln, viel wirksamer als die Drohung, Ermahnung oder die gekränkte Reaktion des Erziehers auf ein unerwünschtes Verhalten ist eine positive Einstellung zum Kind. Ist die gegeben, so wird man neben den unerwünschten Handlungen des Kindes auch immer etliche positive Eigenschaften oder Verhaltensweisen feststellen. Kein Kind ist in seiner ganzen Existenz, in allen seinen Äußerungen nur negativ, es sei denn, die Erwachsenen haben es durch ihre Einschätzung und Bewertung in eine solche Rolle hineinmanövriert.

Bettelheims Pädagogik setzt nicht auf die Bestrafung, sondern auf die heilsame Wirkung des *Lobes*.

»Gute Eltern werden es zu vermeiden suchen, ihr Kind zu bestrafen, und sie werden sich alle Mühe geben, ihre Kritik an ihm dadurch mehr als auszugleichen, daß sie es bei jeder Gelegenheit loben. Verdientes Lob gibt beiden Teilen ein so viel besseres Gefühl.«[6]

Sind für eine solche Erziehung die richtigen Voraussetzungen gegeben, so vermeiden die Eltern einen großen Energieverschleiß auf Nebenschauplätzen. Der Entwicklung der Identität, die bereits im Säuglingsalter beginnt, sind gute Voraussetzungen gegeben. Das Kind akzeptiert die Bezugspersonen und kann sich mit ihnen identifizieren.

Einen wichtigen Platz in der gesamten Entwicklung des Kindes räumt Bettelheim dem *Spiel* ein. Über das Spiel erobert sich das Kind die Umwelt, zunächst im kleinen, sodann im großen Rahmen. Das Spiel ist eine Brücke zur Wirklichkeit. Eltern, die Kinder in ihren spielerischen Aktivitäten einschränken, weil sie sich eine »realistischere« Einstellung der Kinder wünschen, verkennen die Funktion des Spiels. Die Wichtigkeit des Spiels zu begreifen, ist die erste Voraussetzung für die richtigen pädagogischen Maßnahmen. Dass die Bedingungen für eine solche Haltung oft nicht gegeben sind – diese Erfahrung müssen häufig GrundschullehrerInnen auf Elternabenden machen. Viele Eltern sehen in dem Spiel von Schülern schon in der Primarstufe einen Gegensatz zum notwendigen Lernen. Das Spiel werde zu sehr betont, das »eigentliche Lernen« komme zu kurz. Diese Einschätzung bestätigt Bettelheims Diagnose. Ungeduld und Drängelei in der Erziehung haben etwas mit den Ängsten der Erziehenden zu tun. In diesem Fall ist es die Angst der Eltern, dass ihr Kind den Anschluss an die weiterführende Schule verpasst. Spiele sind Medien des Lernens, Spiele dienen der Problemlösung von Schulaufgaben ebenso wie der Klärung von persönlichen Entwicklungsproblemen. Sie sind nicht als Gegenpol zur Wirklichkeit zu verstehen, sondern sie sind Ausdruck der Wirklichkeit des Kindes, und sie sind das Medium, das die Verbindung zur Wirklichkeit der Erwachsenen herstellt.

Ich kann an dieser Stelle nicht auf alle Schwerpunkte eingehen, die die Pädagogik Bettelheims ausmachen. Zu berücksichtigen sind jedoch noch zwei Aspekte, die er besonders nachdrücklich behandelt hat und die in der öffentlichen Diskussion auch besonders nachhaltig aufgenommen worden sind. Es geht um die Rolle der *Bücher* in der Erziehung und um die Bedeutung der *Märchen*. Beide Bereiche hat Bettelheim auch im engen Zusammenhang mit seiner Arbeit an psychisch schwerst behinderten SchülerInnen bearbeitet.

Als Bruno Bettelheim 1939 nach Amerika kam, hatte er zunächst nicht die Absicht, sich psychoanalytisch oder pädagogisch zu betätigen. Vielmehr gedachte er, an seine Studien an der Wiener Universität anzuknüpfen. Diese hatte er 1937 mit einer Dissertation über *Das Problem des Naturschönen und die moderne Ästhetik* beendet. So war er auch ganz froh, dass ihm an der Universität in Chicago eine Stelle angetragen wurde, auf der er über psychologische Aspekte der Kunst dozieren konnte. Diese Stelle behielt er für einige Jahre. An der Universität von Chicago gab es ebenfalls die *Sonia Shankman Orthogenic School*; das war eine Institution für psychisch schwer behinderte Mädchen und Jungen, für Kinder und Heranwachsende. Im Jahre 1944 wurden die Struktur und Konzeption dieser Schule verändert. Die Behandlung autistischer Kinder sollte zukünftig einen zentralen Platz einnehmen. Bei der Besetzung der Schulleiterstelle fiel die Wahl auf Bruno Bettelheim. Er hatte psychoanalytische Qualifikationen, konnte eine siebenjährige Erfahrung mit einem autistischen Kind vorweisen und hatte sich überdies bereits seit vielen Jahren als Dozent an der Universität bewährt. Fast dreißig Jahre – bis 1973 – hat er die Orthogenic School geleitet und sie zur Modellschule für Kinder mit schweren psychischen Störungen entwickelt. In seinen Büchern *Liebe allein genügt nicht* (dt. 1970), *So können sie nicht leben* (dt. 1973), *Die Geburt des Selbst* (dt. 1977) und *Der Weg aus dem Labyrinth* (dt. 1975) hat er über seine Arbeit in dieser Schule berichtet. Gleichzeitig hatte er an der Universität eine Professur für Pädagogik inne und lehrte außerdem Klinische Psychologie.

Die *Geburt des Selbst* beginnt für autistische Kinder, wenn sie sich aus ihrer Isolierung lösen und aus eigenem Antrieb heraus zu handeln beginnen, wenn sie eine andere Person innerhalb ihres Erfahrungsbereiches als wichtig anerkennen. Mit Beginn dieser Interaktion ist der Bannkreis des Autismus gebrochen. Bettelheim hat die Therapie autistischer Kinder in eindrucksvollen Fallanalysen beschrieben.[7] Die geduldige Haltung der Erzieher, die er bereits für die »Normalerziehung« angemahnt hat, ist bei dieser Arbeit die wichtigste Grundlage. Im weiteren Rahmen dieser Tätigkeit hat Bettelheim auch seine Untersuchung zum Lesen-Lernen durchgeführt, die unter dem deutschen Titel *Kinder brauchen Bücher* (1984) erschienen ist.[8] Ausgehend von der Beobachtung, dass viele Kinder nicht oder nur schlecht lesen lernen, stellte sich das Team um Bruno Bettelheim die Frage, ob eine psychoanalytisch orientierte Methode verborgene Ursachen für diese Ausfallerscheinungen erforschen könne. Auch bei dieser Frage ging das Team von dem psychoanalytischen Grundsatz aus, dass der Analytiker in der Lage sein müsse, die Welt mit den Augen des Patienten zu sehen, dessen Gefühle und Handlungen als in sich begründet und logisch zu betrachten.

Bettelheim fand mit seinem Team die Vermutung

bestätigt, dass nur vordergründig von der Leseunfähigkeit gesprochen werden könne. Was sich auf den ersten Blick als mangelnde Begabung oder mangelnde Intelligenz darbot, hatte nicht selten mit Widerständen zu tun. Mit Widerständen gegen die Lehrperson, gegen die Methode, gegen den Inhalt oder gegen die Art und Weise, wie Lesefehler von den LehrerInnen korrigiert wurden, und schließlich mit dem Unbehagen an nichtssagenden Texten in Fibeln und anderen Printmedien.[9]

Bettelheims Thesen zum Lesen-Lernen lassen auch Vermutungen über Lernhindernisse in anderen Gebieten zu.

Von diesem Lernen im engeren Bereich der Unterrichtsfächer gibt es eine direkte Verbindung zum *Lernen des Lebens*. So wie der Erwerb der Lesefähigkeit, des Rechnens, des Schreibens und der Erwerb von Kenntnissen in Literatur, Geschichte, Politik nicht an formalen und sinnlosen Gegenständen vonstatten gehen sollte, so problematisch vollzieht sich die Gestaltung des Lebens als Ganzes, wenn der Mensch in seinem Dasein keinen Sinn erkennen kann. Das Ringen um den Sinn des Lebens oder das Finden des Lebenssinns ist im allgemeinen Verständnis eher eine Frage des reiferen Alters. Menschen, die den Sinn ihres Daseins gefunden haben, sind oft schon lange Zeit aus der Schule, haben oft schon ihre erste Berufsausbildung hinter sich oder die Universität längst verlassen. Bettelheim zeigt jedoch, dass der Mensch jedem Lebensalter einen Sinn geben muss, und sei es nur für eine kurze Phase. Hier liegt die tiefere Bedeutung der umgangssprachlichen Wendung, dass eine Zeit »sinnvoll« genutzt wurde oder dass jemand ein »sinnerfülltes Leben« geführt habe. Dies ist eine der schwierigsten Aufgaben der Erziehung, dem Kind zu helfen, seinem Dasein einen Sinn zu geben, zu erkennen, wozu es auf dieser Welt gut ist. Diese Aufgabe ist keine neue Zumutung an die Pädagogik, sie ist ihr seit jeher immanent.

Allerdings dürfte diese Aufgabe in den letzten Jahrzehnten schwieriger geworden sein, da die Erziehungsansprüche in der Überflussgesellschaft in harter Konkurrenz zu den Erwartungen stehen, die die Konsumindustrie an die Verbraucher stellt. Kinder, die unter dem Zwang stehen, alles haben zu müssen, was der Markt anbietet, geraten leicht in einen Zustand der Sattheit und des Überdrusses. Ist diese Überfütterung mit emotionaler Vernachlässigung und der häufigen Abwesenheit der engsten Bezugspersonen verbunden, so stellt sich leicht jenes Verlassenheitssyndrom ein, das Alexander Mitscherlich den *Kaspar-Hauser-Komplex* genannt hat. Nichts ist so wichtig für die Entwicklung eines Lebenssinns wie der Einfluss der Eltern oder der Bezugspersonen, die für das Kind sorgen und mit ihm leben. Dieser Umgang ist durch nichts zu ersetzen. Weder die luxuriöse Umgebung eines Landhauses oder einer Großstadtvilla, noch die pompöse Ausstattung des Kinderzimmers mit hochtechnischem Spielzeug vermögen das Kind über das Defizit hinwegtäuschen, dass es keine emotionale Zuwendung bekommt. Grundlage für die Entwicklung eines Lebenssinns ist der liebevolle Umgang der Erwachsenen mit dem Kind.

Für dieses Fundament der Erziehung gibt es zwar keinen Ersatz, aber eine zusätzliche Unterstützung durch das kulturelle Erbe der Gesellschaft, in der das Kind aufwächst. Das kulturelle Erbe – das ist ein großes Wort und ein weit gefasster Begriff. Er lässt sich jedoch leicht konkretisieren. Bettelheim meint ganz schlicht die Lesekultur, also die Kinderbücher. Sie seien eine wichtige Stütze für die Orientierung des Kindes. Über die Literatur reflektiere das Kind seine Erfahrungen mit der Welt; über dieses Medium laufe ein gut Teil der Identitätsfindung; mit dieser Auseinandersetzung sei eine nicht zu unterschätzende Hilfe für die eigene Sinnfindung gegeben. Voraussetzung für diese positiven Effekte sei freilich, dass es sich um Bücher handele, die inhaltlich und gestalterisch dem Kinde auch etwas zu bieten hätten. Und da sieht Bettelheim im Amerika Mitte der siebziger Jahre vieles im Argen. Schon die Bücher, die dem Kleinkind gegeben würden, seien schal; nicht anders die Fibeln der ABC-Schützen, und auch die Bücher für ältere Schüler seien einfallslos und uninspiriert. Daher sei es kein Wunder, dass die Kinder das Lesen vernachlässigten und sich lieber Tätigkeiten widmeten, die ihnen weitaus interessanter und spannender erscheinen. Nur allzu oft ist es dann das Dauerfernsehen, das als Lese- und oft auch als Lebens- und Erfahrungsersatz herhalten muss.

»Soll eine Geschichte ein Kind fesseln, so muß sie es unterhalten und seine Neugier wecken. Um aber sein Leben zu bereichern, muß sie seine Phantasie anregen und ihm helfen, seine Verstandeskräfte zu entwickeln und seine Emotionen zu klären. Sie muß auf seine Ängste und Sehnsüchte abgestimmt sein, seine Schwierigkeiten aufgreifen und zugleich Lösungen für seine Probleme anbieten. Kurz: sie muß sich auf alle Persönlichkeitsaspekte beziehen. Dabei darf sie die kindlichen Nöte nicht verniedlichen; sie muß sie in ihrer Schwere ernst nehmen und gleichzeitig das Vertrauen des Kindes in sich selbst und in seine Zukunft stärken.«[10]

Unter diesen Aspekten sieht Bettelheim in den Volksmärchen die beste Möglichkeit, die Erziehung zur Sinnfindung zu unterstützen. Hier befänden sich die Anregungen, die nötig seien, um sein Leben innerlich und äußerlich zu ordnen. Hier würden moralische Orientierungen geboten, und zwar nicht in abstrakten ethischen Erörterungen und Predigten, sondern in konkreten Geschichten, die das Gute im Kontrast zum Bösen darstellten. Schiller lässt Wallenstein sagen: »Tiefere Bedeutung liegt in den Märchen meiner Kinderjahre als in der Wahrheit, die das Leben lehrt.« (*Die Piccolomini* III, 4). Damit ist die Einzigartigkeit dieses Mediums in Bezug auf seine Zuhörer und Leser angesprochen. Märchen können Kinder ebenso ansprechen wie Erwachsene. Auch dieser Umstand ist psychoanalytisch leicht zu erklären. Märchen übermitteln Botschaften auf mehreren Ebenen, nämlich auf der unbewussten und auf der bewussten Ebene. Inhaltlich enthalten sie Probleme, die allgemein menschlicher Natur sind. Für das Kind bieten sie Möglichkeiten der Auseinandersetzung, mit denen sie ihr ICH entwickeln können.

Einige Eigenheiten der Märchen scheinen ihm besonders geeignet zu sein, um die sinngebende Auseinandersetzung des Kindes mit den Problemen zu fördern.

Märchen bringen oft ein existenzielles Dilemma kurz und prägnant auf den Punkt. Die Handlung ist auf das Wesentlichste konzentriert; verwirrende Nebenschauplätze und Handlungsstränge werden vermieden. Die Gestalten haben eine klare Kontur; die Charaktere sind typisiert. Das Böse ist ebenso gegenwärtig wie das Gute. Von der Polarisierung des Bösen und des Guten lebt oft zumindest das äußere Geschehen. Zwar ist das Böse nicht ohne Faszination, nicht zuletzt auch dadurch, dass das Kräfteverhältnis zwischen dem Bösen und dem Guten über weite Strecken der Handlung durchaus ambivalent ist bzw. das Böse sogar in der Übermacht zu sein scheint. Am Ende jedoch geht der Gute als strahlender Sieger hervor, die Moral wird bestätigt, das Böse gerät ins Hintertreffen. Die Polarisierung von Gut und Böse entspricht den kindlichen Denkstrukturen. Kinder können noch nicht eingehender differenzieren. Je einfacher die Struktur, je gerader die gute Gestalt beschrieben wird, desto leichter ist der Prozess der Identifizierung. Das zuhörende oder lesende Kind möchte dieser gute Mensch sein, es versetzt sich in seine Lage, geht mit ihm durch alle Widrigkeiten, die er zu bestehen hat, kämpft mit ihm gegen das Böse und zieht die Lehre, dass man Erfolg haben kann, wenn man sich mit den Widerständen und Rankünen des Lebens auseinander setzt. Märchen lehren, dass dieser Kampf belohnt wird und dass der Sieg den einsamen Kämpfer in die Gemeinschaft integriert. Zunächst ist der Märchenheld oft auf sich allein gestellt. Mit der Aufnahme des Kampfes wachsen seine Chancen, in Beziehung mit anderen Menschen zu treten. Ist der Kampf schließlich erfolgreich geführt, wird der Held in die Gemeinschaft aufgenommen, erhält hier einen festen Platz – nicht selten tritt er als Führer,

Prinz oder König auf – und beginnt ein neues Leben in Herrlichkeit und mit der Aussicht auf Dauer. Nicht selten enden die Märchen mit dem abschließenden Satz, dass der neu erreichte Status und Zustand so lange währt, bis ein seliges Ende, der Tod, das Dasein des Helden auflöst. In einem solchen Abschluss sieht Bettelheim schließlich die Trennungsangst aufgehoben, womit die intensive Auseinandersetzung des Kindes mit dem Märchen in eine Phase der Beruhigung mündet. Diese abschließende Phase hat jedoch nichts mit den Harmoniebildern der seichten Kinderliteratur zu tun. Diese verzichten auf eine intensive Auseinandersetzung mit den kindlichen Ängsten und Wünschen.

»Das Märchen dagegen nimmt diese existenziellen Ängste sehr ernst und spricht sie unmittelbar aus: das Bedürfnis, geliebt zu werden, und die Furcht, als nutzlos zu gelten; die Liebe zum Leben und die Furcht vor dem Tode. Zudem bietet das Märchen seine Lösungen so, daß das Kind sie verstehen kann.«[11]

Einige Beispiele sollen dies verdeutlichen: Die Geschichte von *Hänsel und Gretel* symbolisiert nach Bettelheim Ängste und Lernaufgaben des kleinen Kindes. Die beiden Kinder versuchen die Probleme, die sich ihnen stellen, rational, aber auch in regressiver Form zu bearbeiten. Als Hänsel Kieselsteine auf den Weg streut, um sich und seiner Schwester den Heimweg zu markieren, bedient er sich seines Verstandes. Mit dem Ausstreuen von Brotkrumen hingegen fällt er auf eine antirationale Stufe zurück, in der Bettelheim eine orale Fixierung erkennt. So ist es auch bei der Entdeckung des Lebkuchenhauses, auch hier verfallen die Kinder einer oralen Regression. Mit der Heimkehr zu ihren Eltern, denen sie viele Schätze aus dem Walde mitbringen, hat sich eine Wandlung bei den Kindern vollzogen. Sie sind nicht mehr von ihnen abhängig, sie haben gelernt, ihr Leben eigenständig zu meistern, weil sie es geschafft haben, ihre Ängste zu überwinden.[12]

Rotkäppchen ist ein munteres, pubertierendes Mädchen, das bereits zu Beginn des Märchens ihre orale Fixierung überwunden hat. Der Wolf ist der Verführer, der sie von dem geraden Weg, auf den das Kind beim Abschied von der Mutter nachdrücklich verwiesen wird, abzubringen versucht. Für Rotkäppchen ist jedoch die Wildnis abseits der geraden Wege keineswegs bedrohlich, im Gegenteil, sie findet es reizvoll, die ausgetretenen Pfade zu verlassen, etwas Neues zu entdecken. Dass dieses Neue verboten ist, macht es umso interessanter. Rotkäppchen befindet sich mitten in der Auseinandersetzung mit ihrer Sexualität. Es fehlt ihr freilich noch die emotionale Reife. Sie hat die ödipalen Konflikte noch nicht bewältigt. Nachdem sie zunächst einen Fehler gemacht hat und den Einflüsterungen des Wolfs gefolgt ist, tut sie jedoch das Richtige und verbindet sich mit ihrer Großmutter, die symbolisch für die Fraktion der Mutter steht. Bettelheims Fazit: »Das Kind braucht ... eine feste Arbeitsgemeinschaft mit dem Elternteil gleichen Geschlechts, so daß es durch Identifikation mit ihm und durch bewusstes Leben von ihm erfolgreich zum Erwachsenen heranwachsen kann.«[13]

Um ödipale Konflikte geht es nach Bettelheim auch in *Schneewittchen*. Hier wird die Problematik jedoch nicht aus der Perspektive des Kindes vorgeführt, sondern aus der Sicht des Erwachsenen. Die Königin sieht ihr Stiefkind heranwachsen, sie muss erkennen, dass Schneewittchen bildhübsch ist und täglich schöner wird. Eines Tages wird dieses Kind eine bedrohliche Konkurrenz sein. Die eifersüchtige Königin trachtet danach, ihre potentielle Nebenbuhlerin auszuschalten. Das Verhängnis nimmt seinen Lauf. – *Dornröschens* psychoanalytische Botschaft: Die Zeit der sexuellen Reife sollte eine Phase sein, in der der junge Mensch nicht gedrängt wird. Er sollte sich unbeeinflusst von äußeren Faktoren in Ruhe, Konzentration und Kontemplation entwickeln. Ist diese Möglichkeit gegeben, so ist der junge Mensch in der Lage, nach der Ruhephase seine Kräfte umso besser einzusetzen und das Leben zu meistern. Der Dornröschenschlaf als eine Phase der Kraftsammlung, der Vorbereitung auf schwierige Aufgaben! – In *Aschenputtel* wiederum geht es um Geschwisterrivalität, jedenfalls vordergründig betrachtet. In Wirklichkeit steht hinter der Rivalität der Geschwister eine problematische Beziehung der Kinder zu den Eltern. Nicht die Tatsache, dass eine Schwester oder ein Bruder in dieser oder jener Hinsicht eine bessere Leistung erbringt, verbittert ein Kind, sondern der Eindruck, dass die Eltern den erfolgreichen Geschwistern mehr Zuwendung geben. Hier beginnt das eigentliche Problem des Geschwisterneids, das in Aschenputtel thematisiert wird.

So weit zu den Hauptmotiven einiger der bekanntesten Märchen. Bettelheim analysiert sie eingehend, definiert die Bedeutung der Haupt- und Nebenrollen und analysiert die verborgenen Motive. Man muss sicherlich nicht jeder Interpretation zustimmen, um seine Betrachtungen anregend und interessant zu finden. Einleuchtend erscheint auf jeden Fall die Hauptthese Bettelheims, dass Märchen in der Lage sind, alle Ebenen der menschlichen Persönlichkeit gleichzeitig anzusprechen. Das macht ihren Einsatz so reizvoll, und dieser Umstand eröffnet auch die Chance, dass sich das Kind auf irgendeiner Ebene angesprochen fühlt und sich mit bewussten oder unbewussten Problemen auseinander setzen kann.

Der Autor und der Lehrer im Widerspruch

Bruno Bettelheim starb am 13. März 1990 im Alter von 86 Jahren durch Freitod. Als die Nachricht bekannt wurde, löste sie nicht nur bei vielen Menschen Trauer aus, sondern auch eine gewisse Irritation. War das nicht ein Widerspruch, wenn jemand, der sich jahrzehntelang um die sinnvolle Gestaltung des Lebens bemüht hat, mit einem freiwilligen Tod sein Dasein beendet? Für intime Bettelheim-Kenner hatte die Handlungsweise jedoch ihren Sinn. Bettelheim war zeit seines Lebens Atheist. Im Suizid sah er eine Lösung, »wenn das Leben jeglichen Sinn verloren zu haben scheint«.[14] Diesen Augenblick sah er im Frühjahr 1990 gekommen. Seine engsten Weggefährten waren gestorben, er selbst durch einen Schlaganfall und andere Gebrechen des Alters gezeichnet. Zur Untätigkeit verdammt und von fremder Hilfe und Pflege abhängig, ging er den letzten Schritt und bereitete seinem Leben ein Ende. Das war konsequent gedacht und gehandelt.

Eine andere Nachricht ging wenige Monate nach seinem Tod gleichfalls um die Welt und führte abermals zur Verwirrung. Ehemalige Schüler hatten den Medien gegenüber geäußert, dass Bruno Bettelheim, der sich stets so nachhaltig für einen sensiblen Umgang mit Kindern und Heranwachsenden ausgesprochen hatte, dass derselbe Bettelheim in seiner erzieherischen Praxis in der *Sonia Shankman Orthogenic School* oft autoritär fordernd, ungeduldig und unbeherrscht gewesen sei, ja, sogar vor der Prügelstrafe nicht Halt gemacht habe. Solche Meldungen fanden bei den Medien natürlich bereitwillig Aufnahme. Die anschließende Diskussion, an der auch engere Mitarbeiter Bettelheims teilnahmen, warf in der Tat einen Schatten auf das Werk Bettelheims, jedenfalls in dem Sinne, dass seine Rolle als »Übervater« und »Überpädagoge« angekratzt wurde. Zwar konnte man sich fragen, warum eine solche Auseinandersetzung nicht schon zu Lebzeiten Bettelheims geführt worden war, sondern erst siebzehn Jahre, nachdem er die Orthogenic School verlassen hatte, dennoch: Selbst frühere Mitarbeiter konnten die Vorwürfe nur mildern, nicht aber prinzipiell zurückweisen. So bleibt auch die Praxis Bettelheims nicht ohne Widersprüche, die freilich das theoretische Fundament seiner Pädagogik nicht in Frage stellen.

Anmerkungen

1 Siehe Mühlleitner, Elke: Biographisches Lexikon der Psychoanalyse. Die Mitglieder der Psychologischen Mittwoch-Gesellschaft und der Wiener Psychoanalytischen Vereinigung 1902–1938. Tübingen 1992.

2 Bettelheim, Bruno: Themen meines Lebens. Essays über Psychoanalyse, Kindererziehung und das jüdische Schicksal. Stuttgart 1990, S. 43.

3 Ebd., S. 45.

4 Bettelheim, Bruno: Individuelles und Massenverhalten in Extremsituationen. In: Ders.: Erziehung zum Überleben. Zur Psychologie der Extremsituation. Stuttgart 1980, S. 58ff.

5 Bettelheim, Bruno: Ein Leben für Kinder. Erziehung in unserer Zeit. Stuttgart 1987, S. 124.

6 Ebd., S. 145.

7 Bettelheim, Bruno: Die Geburt des Selbst. The Empty Fortress. Erfolgreiche Therapie autistischer Kinder. Frankfurt/M. 1983.

8 Bettelheim, Bruno und Zelan, Karen: Kinder brauchen Bücher. Lesen lernen durch Faszination. 2. Aufl., Stuttgart 1982.

9 Vgl. ebd., S. 285f.

10 Bettelheim, Bruno: Kinder brauchen Märchen. Stuttgart 1977, S. 10f.

11 Ebd., S. 15.

12 Ebd., S. 151ff.

13 Ebd., S. 165.

14 Bettelheim, Bruno: Erziehung zum Überleben, a. a. O., S. 12.

Ausblick: Die Bedeutung der Reformer für die Pädagogik der Gegenwart

Die hier vorgestellten Erziehungsreformer sind Kinder des neunzehnten und zwanzigsten Jahrhunderts. Haben ihre Konzepte für unsere Zeit noch Bedeutung? Sind die Gegenwelten, die sie in ihrem Kopf entwickelt haben, nicht längst zur Realität des heutigen Schulalltags geworden?

Schon die Besichtigung von Räumen in einer beliebigen Regelschule könnte diesen Eindruck bestätigen. Die einzwängenden Schulbänke gehören der Vergangenheit an. Flexible Stühle und Arbeitstische sind an ihre Stelle getreten. Gruppenräume und viele Elemente der Schulwohnstube ermöglichen individuelles Lernen und eine freiere Entfaltung des Kindes. Das Katheder des Lehrers dürfte in keiner Regelschule mehr anzutreffen sein.

Die räumliche Umgestaltung spiegelt die veränderte pädagogische Konzeption. Die Lehrerautorität im »klassischen« Sinne, die von den Erziehungsreformern kritisiert und bekämpft wurde, hat sich mit der zunehmenden Demokratisierung unserer Gesellschaft überholt. Unerbittliche Bestrafungen haben weder im Elternhaus noch in der Schule den Stellenwert von einst. Die religiöse Indoktrination ist einem offeneren Umgang mit weltanschaulichen und ethischen Fragen gewichen. Sexualangst und Geschlechtstabu haben ihre beherrschende Stellung verloren, Koedukation und freier Umgang der Geschlechter bestimmen das Schulleben. Abwendung von der Buchschule, neue Projekte und offener Unterricht haben die überlieferte Schulmethodik revolutioniert.

So gesehen könnte in der Tat der Eindruck entstehen, dass die Reformanliegen der hier skizzierten Pädagogen obsolet geworden seien.

Ein solcher Schluss ist jedoch voreilig. Hinsichtlich der *Autorität* stellt sich die Frage, ob nicht allzu häufig die personengebundene Autorität nur durch vordergründige Sachzwänge abgelöst worden ist, die das Kind gleichermaßen in seinen Rechten beschneiden.[1] Die Grenzen der *Koedukation* sind schnell erreicht, wenn man sich auf organisatorische Aspekte der Gemeinschaftserziehung beschränkt.[2] Die gesellschaftliche Enttabuisierung der *Sexualität* hat ihre Grenzen. Zwar wird heute vielen Kindern Sexualaufklärung zuteil, aber wird auch immer ihre Sexualität anerkannt?[3] Und was die Strafen angeht: Können wir tatsächlich sicher sein, dass mit dem Verbot der *Prügelstrafe* in den Schulen und der Liberalisierung der Erziehung im Elternhaus das Thema bedeutungslos geworden ist? Nicht zuletzt empirische Untersuchungen haben in dieser Frage einige Überraschungen gebracht.[4]

Problematisch bleibt der Bereich der *Leistungsbeurteilung*. Die Diskussion um Notenzeugnisse oder Berichtszeugnisse in der Primarstufe ist nach wie vor ein Punkt, an dem sich die Geister – nicht nur der Pädagogen, sondern auch der Eltern – scheiden. Nur zu oft bestimmt die Angst davor, dass das Kind nicht den Anforderungen einer weiterführenden Schule gerecht werden könnte, die Entscheidung, möglichst rasch die Beurteilung durch Ziffern einzuführen.

Unter diesem Aspekt werden auch oft schon in den ersten Schuljahren *spielerische Aktivitäten* skeptisch beäugt, weil man Schwierigkeiten hat, ihren engen Bezug zum »richtigen« Lernen zu sehen.[5] Die *Gemeinschaftserziehung* läuft unter diesem Gesichtspunkt Gefahr, durch einen gnadenlosen Konkurrenzkampf verdrängt zu werden.

Aus dieser Perspektive betrachtet, scheinen mir die Grundpositionen der Schulerneuerer keineswegs überholt, sondern als Anregung, genauer auf die gegenwärtige Entwicklung zu achten und darüber nachzudenken, ob die oft schnell gelieferten progressiven Etiketten tatsächlich halten, was sie versprechen.

Bei den Erziehungsreformen des zwanzigsten Jahrhunderts ging es keineswegs nur um schulische Tagespolitik. Vieles, was die Pädagogen konzeptualisierten, gehört zum wichtigsten Gedankengut unserer Erziehungskultur, die bereits in der frühen Aufklärung wiederbelebt wurde. Der soziale Gedanke, die Hinwendung zu praktischen Aufgaben, die Bedeutung von Reflexion, Stille, Konzentration, die Einbeziehung der Arbeitswelt, das freie Spiel, die Förderung aller Begabungen, das ganzheitliche Lernen und die Rechte des Kindes sind keine Erfindungen von Pädagogen der Gegenwart. Sie wurden im Laufe der Geschichte immer wieder gefordert und ebenso oft auch wieder vernachlässigt. Ihre Gefährdung ist in der Gegenwart ebenso wenig aufgehoben, wie sie es in der Zukunft sein dürfte. Auch aus diesem Grunde sind die Grundpositionen eines Janusz Korczak, eines Paul Geheeb und all der anderen Reformer im Auge zu behalten.

Anmerkungen

1 Vgl. Koch, Friedrich: Der Kaspar-Hauser-Effekt. Über den Umgang mit Kindern. Opladen 1995.
2 Siehe hierzu Faulstich-Wieland, Hannelore: Koedukation – enttäuschte Hoffnungen? Darmstadt 1991.
3 Siehe Koch, Friedrich: Sexualität, Erziehung und Gesellschaft. Von der geschlechtlichen Unterweisung zur emanzipatorischen Sexualpädagogik. Frankfurt/M. u. a. 2000.
4 Vgl. Bastian, Johannes (Hg.): ›Strafe muß sein‹? Das Strafproblem zwischen Tabu und Wirklichkeit. Weinheim und Basel 1995.
5 Siehe hierzu Lenzen, Klaus-Dieter: Theater macht Schule – Schule macht Theater. Frankfurt/M. 1990.

Auswahlbibliographie

Alexander S. Neill

The Booming of Bunkie. London 1919.
Carroty Broon. London 1921.
A Dominie Abroad. London 1923.
A Dominie's Five or Free School! London 1924.
The Problem Child. London 1926.
The Problem Parent. London 1932.
The Problem Teacher. London 1939.
The Problem Family. London 1949.
The Free Child. London 1953.
Die grüne Wolke. Reinbek bei Hamburg 1971.
Neill, Neill, Birnenstiel! Reinbek bei Hamburg 1973.

Über Neill

Hart, Harold, H. (Hg.): Summerhill pro und contra. Reinbek bei Hamburg 1971.
Hemmings, Ray: Fifty Years of Freedom. A Study of the Development of the Ideas of A. S. Neill. London 1972.
Karg, Hans Hartmut: Erziehungsnormen und ihre Begründung in der Pädagogik von Alexander Sutherland Neill. Diss. Phil. Nürnberg 1983.

Maria Montessori

Selbsttätige Erziehung im frühen Kindesalter. 2. Aufl., Stuttgart 1928.

Die Entdeckung des Kindes. Hg. von Paul Oswald und
Günther Schulz-Benesch. 8. Aufl., Freiburg i. Br. 1989.

Mein Handbuch. Grundsätze und Anwendung meiner
neuen Methode der Selbsterziehung der Kinder. Stuttgart
1922.

Montessori-Erziehung für Schulkinder I: Betätigungsdrang
und Erziehung. Stuttgart 1926.

Schule des Kindes. Montessori-Erziehung in der Grundschule. Hg. von Paul Oswald und Günter Schulz-Benesch.
2. Aufl., Freiburg i. Br. 1987.

Kinder sind anders. Hg. von Helene Helming. 10. Aufl.,
Stuttgart 1978.

Von der Kindheit zur Jugend. Hg. von Paul Oswald. 3. Aufl.,
Freiburg i. Br. 1979.

Das kreative Kind. Der absorbierende Geist. Hg. von Paul
Oswald und Günter Schulz-Benesch. 7. Aufl., Freiburg
i. Br. 1989.

Über Montessori

Böhm, Winfried: Maria Montessori. Bad Heilbrunn 1969.
Heiland, Helmut: Maria Montessori. 2. Aufl., Reinbek bei
Hamburg 1992.
Schulz-Benesch, Günter: Der Streit um Montessori.
Freiburg i. Br. 1961.

Janusz Korczak

Der Bankrott des kleinen Jack. Aus dem Polnischen von
Aniela Gruszczynska. Berlin 1935.

Wie man ein Kind lieben soll. Hg. von Elisabeth Heimpel
und Hans Roos, mit einer Einleitung von Igor Newerly.
Aus dem Polnischen von Armin Dross. Göttingen 1967.

Das Recht des Kindes auf Achtung. Hg. von Elisabeth

Heimpel und Hans Roos. Aus dem Polnischen von Hans
Dross. Göttingen 1970.
König Hänschen I. Aus dem Polnischen von Katja Weintraub. Göttingen 1970.
König Hänschen auf der einsamen Insel. Aus dem Polnischen von Katja Weintraub. Göttingen 1971.
König Macius der Erste. Roman in zwei Teilen für Leser jeden Alters. Aus dem Polnischen von Monika Heinker. Leipzig und Weimar 1978.
Wenn ich wieder klein bin. Aus dem Polnischen von Ilka Boll, Armin Dross, Nina Kozlowski und Mieczyslav Wójcicki. Göttingen 1973.

Über Korczak
Beiner, Friedhelm (Hg.): Janusz Korczak. Zeugnisse einer lebendigen Pädagogik. Wasserberg 1982.
Ders. (Hg.): Zweites Wuppertaler Korczak-Kolloquium. Korczak-Forschung und -Rezeption. Wuppertal 1984.
Dautzenroth, Erich und Hampel, Adolf (Hg.): Wer war Janusz Korczak? Gießen 1975.
Pelzer, Wolfgang: Janusz Korczak. Reinbek 1989.

Paul Geheeb

Odenwaldschule. Oberhambach 1911.
Die Odenwaldschule. Geistige Grundlagen (1924). In: Mitarbeiter der Odenwaldschule (Hg.): Erziehung zur Humanität. Paul Geheeb zum 90. Geburtstag. Heidelberg 1960.
Die Odenwaldschule im Lichte der Erziehungsaufgaben der Gegenwart. In: Mitarbeiterkreis der Odenwaldschule (Hg.): Odenwaldschule. Heppenheim 1930, S. 73-89.
Die kulturelle Aufgabe der Koedukation (1954). In: Harless,

Hermann (Hg.): Jugend im Werden. Bremen 1955,
S. 231-242.
Briefe. Mensch und Idee in Selbstzeugnissen. Hg. von
W. Schäfer. Stuttgart 1970.

Über Geheeb
Näf, Martin: Paul Geheeb. Seine Entwicklung bis zur Gründung der Odenwaldschule. Weinheim 1998.
Schäfer, Walter: Die Odenwaldschule. 1910-1960. Der Weg einer Freien Schule. Oberhambach 1960.
Paul Geheeb. Mensch und Erzieher (Aus den deutschen Landerziehungsheimen, Heft 4). Stuttgart o. J.

Peter Petersen

Die Geschichte der Aristotelischen Philosophie im protestantischen Deutschland. Leipzig 1921 (Reprint Stuttgart 1964).
Allgemeine Erziehungswissenschaft. Berlin und Leipzig 1924 (Reprint Berlin 1962).
Der Ursprung der Pädagogik (Band 2 der Allgemeinen Erziehungswissenschaft). Berlin und Leipzig 1931 (Reprint Berlin 1964).
Der Mensch in der Erziehungswirklichkeit (Band 3 der Allgemeinen Erziehungswissenschaft). Mühlheim 1954.
Innere Schulreform und Neue Erziehung. Weimar 1925.
Schulleben und Unterricht einer freien allgemeinen Volksschule nach den Grundsätzen Neuer Erziehung (Der Jena-Plan, Band 1). Weimar 1930.
Das gestaltende Schaffen im Schulversuch der Jenaer Universitätsschule 1925-1930 (Der Jena-Plan, Band 2). Weimar 1930.
Die Praxis der Schulen nach dem Jena-Plan (Der Jena-Plan, Band 3).Weimar 1934.

Der Jena-Plan einer freien allgemeinen Volksschule (Der sog. Kleine Jena-Plan). Langensalza 1927. 54./55. Aufl., Weinheim 1974.

Führungslehre des Unterrichts. Langensalza 1937. 10. Aufl., Weinheim 1971 (Reprint Weinheim 1978).

Eigenständige (autonome) Erziehungswissenschaft und Jena-Plan. München 1951.

Gemeinsam mit Else Petersen: Die Pädagogische Tatsachenforschung. Paderborn 1965.

Über Petersen

Döpp-Vorwald, Heinrich: Die Erziehungslehre Peter Petersens. Ratingen 1962. 2. Aufl., Wuppertal 1971.

Kassner, Peter/Scheuerl, Hans: Rückblick auf Peter Petersen, sein pädagogisches Denken und Handeln. In: Z.f.Päd., 30 (1984), S. 647-661.

Benner, Dietrich/Kemper, Herwart: Einleitung zur Neuherausgabe des Kleinen Jena-Plans. Weinheim und Basel 1991.

Célestin Freinet

L'Imprimerie à l'école. Paris 1926.

Plus de manuels scolaires. Saint-Paul (Alpes-Maritimes) 1928.

L'Ecole Moderne Française. Gap 1945.

Conseils aux parents. Gap 1946.

L'Education du Travail. Neuchâtel (Schweiz) 1947.

Essai de Psychologie sensible appliquée à l'éducation. Cannes 1950.

Enfants-poètes. Poèmes et dessins de l'Ecole Freinet. Paris 1954.

Les méthodes naturelles dans la pédagogie moderne. Paris 1956.

Die moderne französische Schule. Übersetzt und besorgt von Hans Jörg. 2., verbesserte Aufl., Paderborn 1979.
Hans Jörg: Praxis der Freinet-Pädagogik. Übersetzung und Bearbeitung des Buches von Célestin Freinet »Les techniques Freinet de l'école moderne«. Paderborn 1981.

Über Freinet
Elise Freinet: Erziehung ohne Zwang. Der Weg Célestin Freinets. Aus dem Französischen übersetzt und bearbeitet sowie mit einem Nachwort versehen von Hans Jörg. Stuttgart 1981.
Wichmann, Jürgen: Célestin Freinet. Ein Wegbereiter der modernen Erlebnispädagogik? Lüneburg 1992.

Hans Zulliger

Behn-Rorschach-Versuch. Tafeln. 4. Aufl., Bern 1964.
Einführung in den Behn-Rorschach-Test. Textband. 3. Aufl., Bern 1952.
Schwierige Kinder. 10 Kapitel zur Theorie und Praxis der tiefenpsychologischen Erziehungsberatung und Erziehungshilfe. 5. Aufl., Bern 1963.
Heilende Kräfte im kindlichen Spiel. 3. Aufl., Stuttgart 1959.
Umgang mit dem kindlichen Gewissen. 3. Aufl., Stuttgart 1960.
Helfen statt strafen – auch bei jugendlichen Dieben. 2. Aufl., Stuttgart 1962.
Bausteine zur Kinderpsychotherapie und Kindertiefenpsychologie. 2. durchgesehene und erweiterte Auflage, Bern 1966.
Gespräche über Erziehung. 2. Aufl., Bern 1963.

Über Zulliger

Kasser, Werner (Hg.): Hans Zulliger. Eine Biographie und Würdigung seines Wirkens. Bern und Stuttgart 1963.

Steger-Hain, Zita: Die psychoanalytische Erziehung Zulligers. Diss. Phil. Salzburg 1969.

Bruno Bettelheim

Das Problem des Naturschönen und die moderne Ästhetik. Diss. Phil. Wien 1937.

Liebe allein genügt nicht. Die Erziehung emotional gestörter Kinder. Stuttgart 1970.

So können sie nicht leben. Die Rehabilitation emotional gestörter Kinder. Stuttgart 1973.

Der Weg aus dem Labyrinth. Leben lernen als Therapie. Stuttgart 1975.

Die Geburt des Selbst. Erfolgreiche Therapie autistischer Kinder. München 1977.

Kinder brauchen Märchen. Stuttgart 1977.

Erziehung zum Überleben. Zur Psychologie der Extremsituationen. Stuttgart 1980.

Freud und die Seele des Menschen. Düsseldorf 1984.

Ein Leben für Kinder. Erziehung in unserer Zeit. Stuttgart 1987.

Themen meines Lebens. Essays über Psychoanalyse, Kindererziehung und das jüdische Schicksal. Stuttgart 1990.

Über Bettelheim

Kaufhold, R.: Bruno Bettelheim und der »Mythos« der Schuldfrage. In: Zeitschrift für Heilpädagogik 39 (1988), S. 820-826.

Krumenacker, Franz-Josef: Bruno Bettelheim. Grundpositionen seiner Theorie und Praxis. München 1998.